dtv

Das Leben besteht aus vielem. Vor allem und auch aus Essen. Essen kochen, essen gehen, allein oder mit anderen essen, umsonst essen, unterwegs essen, Essen schmecken, riechen, wollen. Bevor man die Wollust des Essens entdeckt, wird sie einem aber erst einmal ausgetrieben. Aufessen heißt das häusliche Gebot. Und: Übers Essen spricht man nicht.

Gabriele von Arnim hat Nachholbedarf. Möchte unentwegt übers Essen sprechen. Was man essen könnte, wann und wie. Ob Kiwitörtchen zu einem nebelnassen Tag im Oktober passen, und wie Eros und Essen zusammengehören. Es wird gezuzelt, genagt und geschluckt, genibbelt und vertilgt. Aber lustvoll geschmaust?

Gabriele von Arnim, geboren 1946, lebt in Bonn. Die Journalistin und Schriftstellerin findet das Schwierigste am Essen, es nicht zu tun. Sie arbeitet für Hörfunk, Fernsehen und Zeitungen und hat bisher u. a. ›Das große Schweigen‹ (1989) und ›Das dritte Zimmer‹ (1992) veröffentlicht.

Gabriele von Arnim

Essen

Kleine Philosophie der Passionen

Deutscher Taschenbuch Verlag

Originalausgabe
Oktober 1998

Umschlagkonzept: Balk & Brumshagen
Umschlagbild: Alfons Holtgreve
Satz: Design-Typo-Print GmbH, Ismaning
Gesetzt aus der Bodoni Book 11,5/13,75 Punkt (QuarkXPress 3.32 Mac)
Druck und Bindung: C. H. Beck'sche Buchdruckerei, Nördlingen
Gedruckt auf säurefreiem, chlorfrei gebleichtem Papier
Printed in Germany · ISBN 3-423-20215-7

Inhalt

Über den ersten Morgenbissen

Mit dem Frühstück beginnt man den Tag, und die Malaise beginnt schon mit dem Wort. Allein um es auszusprechen, muß man die Lippen so unsinnlich geschürzt und gespitzt verwölben und einen so unerquicklichen Zischlaut ausstoßen, dem unmittelbar ein hinten im Mund, aber noch nicht im Hals angesiedeltes Keckern zu folgen hat, daß einem der Appetit glatt vergehen könnte. Es ist ein häßliches Wort, das einen häßlichen Mund macht, wenn man es sagt. Ein Wort so ganz ohne Fülle und Laszivität, bei dem man nicht vor-, nicht hin- und schon gar nicht nachschmeckt. Früh-Stück, wer will schon in der Frühe ein Stück zu sich nehmen. Das klingt doch ganz nach harter Kante, nach müdem Draufherumgekaue, nach perfekter Lustlosigkeit.

Das Frühstück hat es nicht leicht bei uns, wird von den meisten vernachlässigt, wird zwar ein-, aber kaum wahrgenommen, höchstens als Sonntagsfrühstück mal zelebriert und kommt im großen und ganzen wie das Stiefkind des Essens daher. Zu Recht, findet Vincent Klink, Koch, Wirt, Autor und Feinschmecker. Er frühstückt gar nicht. Wie es offenbar dem zivilisierten Esser geziemt. Denn, so Klink, dort wo groß gefrühstückt wird, wird weniger gut gegessen; diese ganzen Brötchen und Marmeladenbrote, sagt er, also ich find's nicht sehr witzig.

Das übliche Morgengemampfe als Essen zu bezeichnen, käme ihm nicht in den Sinn. Was mir nur wieder einmal beweist, daß ich nicht fein, sondern banausisch schmecke.

Und das mit Hingabe und mit Vergnügen. Ich nämlich liebe Honig- und Marmeladenbrote. Allerdings: Es muß ein Brot sein, das den Namen verdient, und nicht einer dieser lockergeblähten Laibe, in denen dort, wo der Geschmack sitzen sollte, die große Leere gähnt.

»Knospe des Tages« hat Novalis das Frühstück genannt. Und so romantisch bezeichnet, bekommt es doch gleich eine ganz andere Bedeutung, wird zum zärtlichen Morgenmahl. Denn erst danach erblüht der Tag und ich mit ihm, wenn ich sie pflegte, die Knospe, und sie nicht welken ließ. Was viele tun. Jeden Morgen. Und dann wundern sie sich, wenn sie nach hastig verschluckten Marmeladenbrötchen oder hurtig gelöffelten Corn-Flakes-Tellern schlapp und dürstend durch den Tag laufen.

Millionen schlingen am Morgen ein Tütenmüsli hinunter oder stopfen ein Wurstbrot in sich hinein, weil man ihnen beigebracht hat, daß man den Tag nicht mit leerem Magen beginnen soll. Und so beginnen sie den Tag mit hastigen Bissen. Weil sie keine Zeit zum Frühstücken haben. Entweder ist der Schlaf wichtiger oder die Morgengymnastik, das Dösen in der heißen Badewanne oder das nervenraubende Debakel darüber, was man heute morgen anziehen soll. Wie ist das Wetter, was hat man vor, wie fühlt man sich, wie ist das Gewicht, ob das blaue Kostüm wohl wieder paßt?

Zum Frühstück, sagen sie, finden sie die Zeit nicht, als ob die Zeit sich versteckt habe und man sie suchen müßte. Für die meisten Menschen hat sie sich offenbar verdammt gut versteckt, am Morgen schon allemal, und nie sagt sie huhu, die blöde Zeit, und hilft einem, sie aufzuspüren. Aber wenn die Zeit sich versteckt, muß es die Zeit ja geben. Also könnte man immer Zeit haben, wenn man sie nur fände. Wer behauptet, keine Zeit zu haben, ist also schlicht zu tumb oder zu faul zum Suchen. Ich finde keine Zeit, müßte man ehrlicherweise sagen und damit eingestehen, nicht lange genug gesucht zu haben. Aber wir waren ja beim Frühstück, für das so viele keine Zeit finden, nicht genug Zeit finden, was immer genug Zeit nun wieder bedeuten mag. Doch wir wollen nicht abschweifen, sondern frühstücken, uns mit dieser für viele so eiligen Angelegenheit beschäftigen.

Stehend nehmen sie die erste Mahlzeit des Tages ein – ich will ja nicht herumreiten auf der Zeit, aber in diesem Wort steckt sie doch schon wieder drin, und zwar unüberhörbar, Mahl-Zeit, Zeit haben für ein Mahl und nicht nur einen Moment oder ein paar Minuten, von Mahlminuten habe ich noch nie etwas gehört – stehend also essen viele, das Brettchen auf dem Küchentisch, daneben die Kaffeemaschine, in der linken Hand das Brötchen, in der rechten die Zeitung. Man will doch wissen, was los ist in der Welt. Schließlich lebt man in ihr. Und wirft sich gleich in sie hinein: auf die Straße, ins Auto, in die Straßenbahn. Als gesunder, informierter und gepflegter Mensch, der gefrühstückt, gelesen, geduscht hat. Rasiert und geschminkt ist. Der Morgen verlangt so vieles auf einmal. Man könnte ganz konfus werden dabei, und einmal hat mein Mann seinen Rasierapparat in den Eisschrank gelegt, als er sich einen Orangensaft (aus dem Karton) herausholen wollte. Und dann stand er vor dem Spiegel und wollte sich mit dem Saftkarton rasieren, was nicht so gut ging, und bis er das richtige Werkzeug gefunden hatte, waren schon wieder viele kostbare Minuten verstrichen. Und da soll man sich noch in Ruhe ein Ei weichkochen, aufklopfen, mit Salz bestreuen und mit einem Eierlöffel verspeisen, den man immer suchen muß, weil er doch aus Plastik ist und durchsichtig und nie zu finden in der Besteckschublade, den man aber braucht, weil kein Mensch und schon gar kein auch nur vage hinschmeckender Esser seiner Zunge ein Ei zumuten würde, das auf einem Blech- oder Silberlöffel daherkommt.

Also kein weiches Ei zum Frühstück.

So steht man denn im Bad vor dem Spiegel, in der linken Hand die Kaffeetasse, in der rechten den Rasierapparat oder die Wimperntusche. Ohne Ei. Man kann sich ja nicht einmal brotkauend rasieren und auch schlecht mit mahlenden Kiefern einen dünnen Lidstrich ziehen.

Manche Leute frühstücken lieber im Büro. Vor allem jene, die eine Sekretärin haben, die ihnen den Kaffee kocht. Ich kenne einen Mann, der sich jeden Morgen auf dem Weg zur Arbeit zwei belegte Brötchen am Kiosk abholt. Ein Mohnbrötchen mit Käse und ein Sesambrötchen mit Salami. Der Kioskbesitzer bringt sie ihm ans Auto. Reicht die Tüte durchs Fenster, damit mein Freund nicht aussteigen muß. Weil er doch so wenig Zeit hat. »Such, such«, sage ich manchmal zu ihm, weil ich früher mal einen Hund hatte. Doch mein Freund sucht die Zeit gar nicht. Er ist ein wichtiger Mann, und wichtige Männer haben keine Zeit für Versteckspiele. Das weiß man doch. Also reicht ihm der Kioskbesitzer die belegten Brötchen durchs Autofenster. Und macht eine kleine Verbeugung. Jedes Brötchen kostet drei Mark neunzig, dafür bückt es sich gewiß recht behende. Zu Hause könnte mein Freund billiger frühstücken. Aber Zeit ist Geld. Und wenn er an seinem Schreibtisch frühstückt, ist das bereits Arbeit. Zu Hause dagegen wäre genau derselbe Biß-Kau-Speichel-Schluckvorgang verschwendete Zeit. Sagt er. Und dann nicke ich freundlich. Im Büro ist er Herr der Lage. Könnte ans Telefon gehen, könnte Entscheidungen treffen, könnte Akten lesen, vor allem kann er Präsenz demonstrieren. Er ist da. Ein zuverlässiger Mitarbeiter. Schon so früh morgens im Büro. So stellt man vermutlich seine Eignung für Führungsaufgaben unter Beweis. Mein Freund führt schon fast. Hat sich hinaufgefrühstückt. Mit zwei belegten Semmeln. Natürlich hat er eine Zeitung schon zu Hause gelesen. Jetzt liest er die zweite Zeitung und ißt die beiden Brötchen vom Kiosk. Immer in derselben Reihenfolge. Beißt erst ins Wurst-, dann ins Käsebrötchen. Als ich ihn einmal fragte, warum er nicht erst den Käse und dann die Wurst verspeise, und mir eloquente Geschmackserläuterungen erhoffte, sah er mich nur erstaunt an.

Man muß auch in kleinen Dingen Ordnung halten, sagte er. Ritualisiertes lenkt nicht ab von dem, was zu bedenken ist, sagte er, man kann handeln, ohne sich entscheiden zu müssen.

Und das verstehe ich gut. Ein so wichtiger Mann wie er kann natürlich nicht grübelnd vor seinen Brötchen sitzen und seine Geschmacksnerven befragen, welches von beiden sie zuerst haben möchten. Wo kämen wir da hin, wenn einer wie er die Brötchenfrage jeden Morgen neu zu entscheiden hätte, seine Lust erspürte und seine Neigung abwägte, statt in der festgelegten Reihenfolge loszubeißen. Der arme Mann würde ja ganz durcheinander geraten und womöglich seine Karriere gefährden, weil seine Gedanken im Brötchenteig und in den Salamischeiben hingen, obwohl sie doch ganz woanders hin- und vor allem hinauffliegen sollten. Oder er würde gar in Tränen ausbrechen, wie die Kinder in einer Geschichte von Natalia Ginzburg, die, als sie gefragt werden, was sie essen wollen, es nicht wissen und darüber so verzweifelt sind, daß sie ob ihrer Unentschlossenheit zu weinen beginnen.

Diese Kinder habe ich gut verstanden. Doch zu meinen eigenen Frühstückjaoderneinundwenndannwas-Problemen kommen wir später noch.

Kultiviert zu frühstücken ist eine Kunst, die nur wenige beherrschen. Schon gar nicht während der Woche. Aber es gibt sie, die Frühstückskünstler, die dem banalen Morgenessen eine ästhetische Note verleihen, der Knospe des Tages huldigen und die sich selbst eine Gemächlichkeit gönnen, die angesichts der allgemein vertretenen Meinung, daß das Leben eilig, der Alltag hektisch zu sein habe, wenn man denn mitspielen wolle in der Welt, einen gewissen Argwohn bei denen auslöst, die durch den Morgen und durchs Frühstück stürzen. Die Könner stört das nicht. Sie decken sich auch morgens um sechs Uhr den Tisch, schneiden sich Butterflöckchen und legen sie auf einen kleinen Teller, die Buttergabel daneben, betten auf den nächsten Teller die Wurstscheiben, gießen sich die Milch zum Kaffe in ein kleines Kännchen, legen den Käse auf ein Brett, das Käsemesser dazu, schneiden sich die Grapefruithälften vor oder pressen sich frischen Orangensaft, schneiden die Melone in mundliche Stücke, die Tomaten in Viertel, servieren sich das weichgekochte Ei im Eierbecher und haben immer den richtigen Löffel parat. Einige geben gar das weiche Ei ins Glas, vermischen es mit ein wenig Kresse, salzen und pfeffern, bevor sie es genüßlich zu löffeln beginnen.

Ich frühstücke am liebsten allein. Oder mit meinem Mann. Ich brauche die Zeit als Überbrückung von der Nacht zum Tag, von mir zu anderen, vom verräkelten Bett zur Welt. Bei Arbeitsfrühstücken, die auch bei uns immer mehr in Mode kommen, kann ich mich nur am Kaffee festhalten.

Eigentlich ist ja dieses morgendliche Essen eine sehr private, um nicht zu sagen intime Angelegenheit. Da hat man verträumte Sätze auf den Lippen, die Nacht in den Augen und die Augen im Kaffee, einen wohlig mäandernden Leib, eine Stimme, die von ganz innen kommt, und eine Haut, die zart und nächtlich den Körper umfängt. Da ist man in sich und bei sich und deshalb am besten für sich. Ich mag es nicht, noch schlafwarm mit Fremden am Tisch zu sitzen und die ganze Unentschlossenheit des Tages und des ersten Bisses mit ihnen zu teilen.

Es hat einmal Zeiten gegeben, und solche Zeiten kennt wohl fast jeder, da ist man eher mit einem anderen Menschen ins Bett gegangen als an den gemeinsamen Frühstückstisch. Denn dort zu sitzen, Aug' in Auge, Teller an Teller, Gähnen an Gähnen, mit den Messern in dieselbe Butter fahrend, Bisse und Schlucke des anderen im eigenen Ohr – das war zuviel der Zweisamkeit. Könnten Sie mir das Salz bitte reichen, ach nein, man duzt sich ja wohl, wie man es nächtens tat, und will doch das Sie, weil man den gar nicht kennt, der dort an seinem Toastbrot herumkaut, weil man ihn nicht kauend kennt und deshalb gar nichts von ihm weiß. Seine Lippen hat man gespürt. Sie mümmeln zu sehen kann entsetzlich enttäuschen. Wie seine Hände das Messer halten und das Brötchen aufschneiden! Wie er es schmiert und faßt und hineinschiebt in den Schlund! Ein unsinnlicher Esser kann einem die Lust auf eine zweite Nacht gründlich verderben. Ja, es kann an Unzumutbarkeit grenzen, einen unvertrauten Menschen kauen zu sehen und schlucken zu hören. Und beim Frühstücken schon allemal.

Da war es dann oft besser, vor dem Frühstück zu gehen, sich die kulinarischen Erinnerungen der Nacht zu bewahren, beim Bäcker ein frisch duftendes Brötchen zu kaufen und allein zu Hause mit einem großen Becher Kaffee und einer Brahms-Symphonie höchst zufrieden und wohlig zu speisen.

Manchmal frühstücke ich in Hotels, und da gibt es eins, in dem man besonders pikant speist. Große Fenster geben den Blick frei auf einen Park mit herrlichen alten Bäumen, in dem ein paar hübsche verwitterte Steine stehen – so jedenfalls sagt es der erste Blick, erst der zweite hält inne und sieht, daß die Steine Grabsteine sind und der Park ein Friedhof ist.

Draußen ruhen die Gebeine unter eckigen und ovalen Steinen, einige tragen schmiedeeiserne Kreuze, die fast ein wenig anklagend gen Himmel ragen. Drinnen steht das Frühstücksbuffet. Beladen mit allem, was man meint, heutzutage einem Gast schon am Morgen anbieten zu müssen. Von Krabben, Lachs, Crêpes, kleinen Würstchen und Eiern – gebraten, gerührt oder gekocht – über fünf bis elf verschiedene Wurst- und mindestens acht verschiedene Käsesorten bis hin zum Quarkplunder, Apfelküchlein oder Schokoladencroissant, zum Nuß-, Rosinen- und Olivenbrot.

Mein Morgenhunger, der ohnehin der kleinste des Tages ist und der schwierigste, wovon noch die Rede sein wird, dieser Morgenhunger schrumpft und verstummt regelmäßig angesichts eines solch überbordenden Angebots. Irgendwie ist alles zu viel und zu schön und zu künstlich in Farbe, Aufbau und Anordnung. Käse- oder Salamischeiben sehen ein bißchen nach Plastik aus, als habe sich die eingeschweißte Ware ihrer Umhüllung angepaßt während der wochen- oder gar monatelangen symbiotischen Zweisamkeit ihres gemeinsamen Seins.

Irgendwann löffle ich mir dann einen Obstsalat auf den Teller, der zwar nach Dose aussieht, mir aber dennoch über die erste Verlegenheit hinweghelfen soll, nehme ein Rosinenbrot dazu und setze mich an einen Tisch ans Fenster, gleich neben den Friedhof.

Friedlicher als im Angesicht der Endlichkeit läßt sich sein Brot nicht verzehren, und nirgends äße man es bewußter. Wozu ißt der Mensch? Um zu leben, zu überleben, um den Moment hinauszuzögern, in dem auch er dort draußen liegt unter einem Stein und selber Frühstück oder Mittagsmahl ist fürs muntere Gekreuch und Gewürm der Erde. Schon beginnt man schluckend zu philosophieren, überträgt das carpe diem als Motto des Lebens aufs Essen, schmecke jeden Biß, sagt man sich und hat den falschen Ort gewählt. Denn Ananasstückchen, Pfirsich- oder Birnenhälften und Mandarinenscheibchen aus der Dose schmecken halt wie Ananasstückchen, Pfirsich- oder Birnenhälften und Mandarinenscheibchen aus der Dose. Da kann man noch so sehr das carpe diem des Essers beschwören, die Lebens- und Schmecklust dem Tod entgegensetzen. Es klappt nicht. Der Dosengeschmack ist allgegenwärtig, und aus dem »Schmecke jeden Biß« wird der Notruf, bloß nicht hinzuschmecken.

Die Idee, beim lebenspendenden Essen des Todes eingedenk zu sein, ist nicht neu und erhöht den Wert des Genossenen. Denn nach dem Tode nicht mehr essen zu können, ist eine der bitteren Erkenntnisse des Lebens. Gert v. Paczensky und Anna Dünnebier berichten in ihrer wunderbaren Kulturgeschichte des Essens, daß es bei den Festen der Ägypter, so habe es Herodot erzählt, Sitte gewesen sei, »daß ein Mann in einem Sarkophag eine hölzerne bemalte Figur herumtrug, die eine Leiche darstellte. Die hielt er jedem der Tafelnden vor und sagte: ›Den schau an und trink und sei fröhlich! Wenn du tot bist, wirst du, was er ist.‹«

Je größer das Frühstücksbuffet, desto hilfloser der müde Morgenblick, desto unschlüssiger der Griff der zwischen den Essensbergen Umherirrenden. Und da Hilflosigkeit manche Menschen bekanntermaßen aggressiv macht, schnauzen sie denn auch angesichts der übervollen Platten und Schüsseln und Kupfertöpfe, der gefüllten Brotplatten und Brötchenkörbe, der Müslibar, der Fisch- und der Küchleinecke, daß es hier ja überhaupt nichts Vernünftiges zu essen gebe. Je vielfältiger das Angebot an Gebackenem und Gesottenem, an rechts- und linksgedrehtem Yoghurt, an Tee-, Honig und Marmeladensorten, desto beharrlicher suchen sie nach dem irgendwie anderen, ohne das andere benennen zu können, suchen immer nach dem, was es hier nicht gibt. Sie mäkeln und füllen sich die Teller voll mit Krabbenfleisch und Rosinenbrötchen, Frühstücksspeck und Leberwurst, Frühlingsrollen und Marmeladenbrot und lassen mindestens die Hälfte von allem liegen, picken sich zum Schluß im wahrsten Sinne des Wortes die Rosinen aus dem Brötchen, weil der Hunger für den Teig nicht mehr reicht. Was heißt hier Hunger, wir reden vom Magenfassungsvermögen.

Deshalb ist es natürlich Unsinn, daß die Frühstücke in den Hotels so teuer geworden sind. Wer 25 Mark oder mehr hinlegen muß, zwingt sich zu essen. Er praßt. Wider den Hunger. Wider die Vernunft. Getrieben allein von der Logik des Geldes: Je mehr man zahlt, desto mehr muß man essen.

Ich schnüre meist mehrfach an den dargebotenen Speisen vorbei. Bleibe mal vor diesem, mal vor jenem Tisch stehen, schaue dem Koch zu, der ein Omelett bereitet – und wenn er gut ist, es mit zärtlichen Händen tut – oder dem Oberkellner, wie er die Käsescheiben in Formation rückt, das Brot in Servietten bettet und alles mit gewichtiger Chefmiene tut. Ich öffne die Kupfertöpfe, einen nach dem anderen. Unschlüssig. Denn das Frühstück ist für mich eine wahre Herausforderung. Und das Tag für Tag.

Manchmal sitze ich morgens in der U-Bahn und frage mich, was die Leute um mich herum wohl gefrühstückt haben, ob es ihnen geschmeckt hat, was sie zu sich nahmen und ob sie sich jetzt noch erinnern daran. Ob sie stumpfsinnig und phantasielos ihren Tag begonnen haben, weil sie in ewig gleicher Routine das ewig gleiche Müsli mampften, oder ob sie schon Entscheidungen darüber trafen, was sie zu essen wünschten.

Aber vielleicht, denke ich dann, vielleicht brauchen ja andere Menschen gar kein Frühstück, bevor sie das Haus verlassen und sich in die Welt hinauswagen. Andere Menschen haben schließlich andere Macken. Sie brauchen vielleicht schöne Musik, einen Vogel, der zwitschert, ein freundliches Wort, eine Meditation oder eine kalte Dusche, bevor sie fit sind für die U-Bahn und für den Tag.

Ich brauche ein Frühstück. Nicht irgendeins, sondern das richtige. Und genau da beginnt mein Problem. Denn ich weiß nie, wann welcher Geschmack der richtige ist. Und wenn ich falsch schmecke am frühen Morgen, dann ist der Tag gelaufen für mich.

Ich spüre es sofort auf der Zunge, im Hals, in der Seele, wenn der erste Biß am Morgen nicht stimmt. Wenn ich Salami esse und es hätte Leberwurst sein müssen, oder ich esse Quark und weiß auf einmal, Aprikosenmarmelade wäre richtig gewesen. Das ist wie ein Boxschlag in die Magengrube. Der Kopf wird leer. Panik zieht ein. Hektisch muß ich weiteressen, gierig danach, irgendwann auf den richtigen Geschmack zu treffen. Dann lege ich eine Scheibe Tomate auf den pikanten Gouda, Preiselbeeren auf die Kalbsfleischwurst, schneide Schnittlauch aufs gesalzene Butterbrot. Es klappt nie. Es kann ja gar nicht klappen. Es gibt keine zweite Chance für den ersten Biß. Manchmal esse ich so lange, bis mir schlecht wird.

Oft geht es gleich nach dem Aufwachen los – das Grübeln vor dem ersten Biß über den ersten Biß. Das ist meine Meditation.

Yoghurt mit geriebenem Apfel, Haferflocken und Rosinen? Oder Knäckebrot mit gekochtem Ei und Kresse? Oder doch lieber was Süßes? Ein Stück von der Apfeltorte, die ich gestern gebacken habe? Wie wäre ein Graubrot mit der neuen Eberesche-mit-Wildapfel-Marmelade? Aber kann ich es heute wagen, einen neuen Geschmack zu probieren? Wo doch ein schwieriges Gespräch ansteht. Also lieber keine Eberesche-mit-Wildapfel-Marmelade. Heute nicht. Und dann schmecke ich mich weiter im Geiste durch Rühreier und Gulaschsuppen, Honigbrote und geschmorte Bananen. Es gehört viel Konzentration und Phantasie dazu. Freiheit hatte schon immer ihren Preis.

Ich kann den Tag erst richtig beginnen, wenn ich weiß, was ich frühstücken will. Oder wenn ich glaube, es zu wissen. Denn manchmal stehe ich ganz zuversichtlich auf, weil ich den richtigen Geschmack schon auf der Zunge spüre, hantiere fröhlich in der Küche, richte mir das vorweg Erschmeckte hübsch her, setze mich an den Tisch, beiße siegessicher hinein – und wenn es dann nicht stimmt! Welch eine Niederlage! Welch ein Schwindel erfaßt mich! Und welch ein Zorn!

Bevor ich etwas esse, trinke ich übrigens immer ein Glas Wasser und dann einen Becher schwarzen Kaffee. Wenn ich diese Kontinuität in meinem Leben nicht hätte, wäre ich wohl längst depressiv geworden. Der Mensch braucht ein paar Dinge, die seinem Alltag Stabilität verleihen. Für mich sind es das Glas Wasser und der Becher Kaffee.

Meine Freundin kaut Öl. Fünfzehn Minuten lang, noch vor dem Zähneputzen, schiebt sie das schmierige Zeug im Mund hin und her. So entgifte sie sich, sagt sie, und dann frühstücke sie ganz normal. Kein Wunder, daß ich die Filme immer so langweilig finde, die sie mir empfiehlt. Erst entgiftet sie sich, und dann frühstückt sie normal. Gewiß, sie kennt das niederschmetternde Gefühl des falschen Bissens nicht – aber auch nicht die Wonne, wenn er stimmt, dieses Glücksgefühl, das durch den Magen rinnt und im Kopf kleine gläsern zarte Explosionen auslöst. Die meisten Menschen müssen für dieses Gefühl mit einem anderen Menschen schlafen. Ich muß nur ins richtige Brot mit dem richtigen Aufstrich beißen.

Manchmal gibt es ruhige Phasen. Dann esse ich jeden

Morgen dasselbe. Ich erinnere mich gern an die Stachelbeer-mit-Whiskey-Marmelade-auf-getoastetem-Graubrot-mit-Emmentaler-Zeit. Es ging mir gut damals. Auch ich muß mich hin und wieder entspannen und frühstücken dürfen wie jeder Banause. Dann war das Glas leer. Es war selbstgemachte Marmelade gewesen. Eine Freundin hatte sie mir geschenkt. Eine Fast-Freundin. Nicht wirklich nah. Ich habe mich nicht getraut, sie um Nachschub zu bitten, ich hätte zuviel erklären müssen.

Die Sache wird übrigens im Laufe der Jahre nicht einfacher. Im Gegenteil. Denn inzwischen, wenn ich das noch sagen darf, ist es nicht mehr allein der Geschmack, den ich im Kopf vorkosten muß. Inzwischen gehören auch die Handgriffe der Vorbereitung dazu. Manchmal kann ich das Gefühl von der weichen Kalbsfleischwurst auf den Fingerkuppen nicht ertragen, dann muß es Salami sein, die rauh ist und nicht so wegglitscht. Oder ich kann kein Ei aufschlagen und den Glibber durch die Pfanne rinnen sehen. Auch die Farben beim Frühstück spielen eine immer größere Rolle. Manchmal habe ich gelbe Tage. Dann esse ich Aprikosen, trinke Apfelsinensaft, schneide mir gelbe Paprika aufs Baguettebrötchen. Dann wieder muß zur gelben Paprika ein Schüsselchen grünes Avocadomus hinzukommen. Mit Frühlingszwiebeln und Zitrone angemacht. Oder das aufgeschnittene harte Ei braucht eine Scheibe von der hellgrünen Gurke.

Heute morgen hatte ich nichts im Haus, was mir gefiel. Und habe widerwillig auf dem Weg zur Arbeit eine Currywurst am Stand gegessen. Und es stimmte! Das Glück traf mich vollkommen unvermutet. Ich habe selig gestöhnt, und der Wurstverkäufer hat ein bißchen erschrocken geguckt.

Essen essen

Es gibt Leute, die können vor lauter Eitelkeit und Feinsein nicht laufen, die trippeln auf affektierten Füßen herum, weil sie meinen, das kleinschrittige Gehen sei elegant, sei Ausweis höherer Lebensart, während sie das weitbeinige Ausschreiten als irgendwie anstößig empfinden, als fast schon plebejisch, eben weit unter dem eigenen Niveau.

Und ganz genau so essen sie auch. Öffnen ihre Münder höchstens zu Schlitzen, zeigen wenig Zahn, kein bißchen Zahnfleisch, und auf keinen Fall die Zunge. Ihre Lippen sind nicht zum Schmecken da, sind nicht zum Fühlen lustvoll nach außen gestülpt, um möglichst großräumig und breitflächig die Konsistenz von Datteln, Ingwerplätzchen oder von Kartoffelbrei zu erspüren. Nein, feine Leute zeigen kein Mundfleisch, und ihre Lippen sind dazu da, den Mund zu verschließen.

Sie essen, um sich zu ernähren, und nicht, um den Tod, der immer droht, in jedem Hunger droht, mit unbändiger Lust auf Leben davonzujagen.

Und so zupfen sie mit gespitztem Mündchen am Salatblatt, schneiden das Fleisch in schluckgroße Häppchen, damit sie es nicht auffällig kauen müssen, weil Kaubewegungen doch irgendwie immer noch als ordinär gelten, als zu intim. Weil, wer kaut, sich zeigt. Was unbestritten so ist. Die hüpfenden, mahlenden, eckigen, nagenden, lutschenden, bebenden, kantigen, locker geführten oder auch krampfhaft kontrollierten Kieferhantierungen erzählen unweigerlich vom Seelen- und Lustleben des Essers. Ich kenne Gastwirte, die mit großem Vergnügen ihren Gästen beim Essen zusehen und akkurat in ihrem Gebaren zu lesen verstehen.

Es gab gute Gründe, warum einst vor allem die feinen Frauen, wenn sie öffentlich, also in Gesellschaft aßen, nur Püriertes zu sich nahmen, nur im Mörser Zerstampftes in ihre kleinen entzückenden Mündchen schoben. Ganz gleich ob Gemüse, Fisch oder Fleisch – zerhieben, zerkleinert, zerrieben mußte es sein. Damit die Damen den Brei ohne weitere Kieferbewegungen schlucken konnten. Denn Kauen galt einstmals als unästhetisch für die Damen der sogenannten besseren Gesellschaft. Irgendwie tierisch. Einfach zu intim. Vielleicht ja auch zu eindeutig zweideutig. Zu lustvoll. Als ob man – das nur nebenbei gesagt – einen Brei nicht auch lustvoll bezüngeln und auflecken könnte.

»Ich kenne eine der vornehmsten Frauen«, schreibt Montaigne, »welche glaubte, das Kauen wäre etwas unanständiges und dem Reiz und der Schönheit ihres Geschlechtes nachtheilig; sie ißt nicht gern vor den Leuten. So kenne ich auch einen Mann, der nicht gern zusieht, wo Leute essen und sich selber nicht zusehen läßt.«

Vielleicht kocht deshalb alle Welt im Fernsehen, und keiner ißt. Vielleicht würde Biolek mümmeln, Frau Herzog mampfen und Ulrich Wickert nagen. Und wir würden sehen, was wir nicht sehen sollen und vermutlich auch nicht sehen wollen. Denn das erotische Kauen wird nur von den wenigsten Menschen gewagt und gekonnt.

»Der arabische Reisende Ibn Battuta«, schreiben Gert v. Paczensky und Anna Dünnebier, »der am Ende des 14. Jahrhunderts Mali besuchte, berichtete, daß der König ihm als besondere Ehre ein luxuriöses Mahl schicken ließ, das er in Ruhe allein verspeisen konnte. Auch bei den südafrikanischen Bemba war es Sitte, einen besonders geehrten Gast nicht mit den anderen Männern der Familie zu bewirten, sondern ihm einen Korb mit Essen zu schicken, das er allein aß.«

Öffentlich zu essen ist indiskret, weil man eben beim Essen etwas von sich zeigt. Ziemlich viel von sich zeigt, wenn man denn wirklich ißt und schleckt, zuzelt und zubeißt, abnagt und lutscht. Weil sich die Züge verklären, wenn man genüßlich kaut und riecht und schmeckt. Weil sich die Lust, ja die Wollust, offenbart, wenn sich die Sinne konzentrieren auf dieses kleine in Knoblauch gebratene Stück Lamm, das die Lippen befühlen, bevor die Zähne hineinbeißen, die Kiefer zu mahlen beginnen und das Wasser im Munde zusammenläuft. Dieses Entzücken, wenn der Funke des Einander-Erkennens erglüht, in den Mund flammt, in die Nase und in den Schlund. Man stutzt und lacht und freut sich. Das kleine Stück Lamm und ich, wir gehören zusammen. Und überall sitzen wache Nervenzellen und registrieren die Köstlichkeit dieses gebratenen Fleisches. Man kaut. Zermalmt und speichelt das Gekaute zu Brei. Eine neue Konsistenz. Ein neuer Genuß. Dazu ein Schluck Wein. Der Magen wärmt sich vor Entzücken, die Wärme strömt in den Körper, man fühlt seine Säfte, sein Fleisch, sein Behagen, man fühlt das Gesicht, die geröteten Wangen. Ein neuer Biß. Und wieder beginnt man zu kauen. Mit weit und erwartungsvoll geöffnetem Rachen, der weich ist und feucht. Die Augen werden licht – wie sonnenbestäubt. Zärtlich umschlungen von Duft und Lust gibt man sich hin. Erwartet die nahende Sattheit, die einen sanft wiegen wird wie auf breithüftigem Schoß. Und beißt noch einmal hinein ins saftige Fleisch, in die knusprig gebratenen Zucchinischeiben, in die weich geschmorte Tomate, läßt den Saft rinnen, nimmt ihn auf mit krumigem Brot. – Aah, wer möchte sich da nicht zurücklehnen und stöhnen, sich genüßlich ächzend diesem herrlichen Vorgang hingeben, den wir Essen nennen.

Nur, das tut man nicht. Natürlich tut man das nicht. Und die, die *man* sind und es nicht tun, sind übrigens dieselben, die nie öffentlich schlafen. Im Zug zum Beispiel oder im Flugzeug. Weil sie Angst haben, daß ihnen das Kinn herunterkippen und man sie schnurchelnd mit offenem Mund sehen könnte. Unkontrolliert. Das Gesicht nicht im Griff. Die Maske verrutscht. Genauso ist es beim Essen. Wer darauf achtet, sein Gesicht nicht zu verlieren, also das Gesicht nicht zu verlieren, das für die Öffentlichkeit, für die anderen bestimmt ist, der kann nicht losbeißen und gemächlich hinschmecken, der muß hurtig wegschlucken. Muß die Lust vermeiden, die peinlich ist. Gefühle zeigt man nicht. Lust schon gar nicht. Und so lecken sie sich nicht die Lippen, stecken die Nasen nicht in ihre Suppentassen, sitzen nicht mit zuckenden Fingern am Tisch, weil sie so gern hineingreifen möchten ins Essen, das Fleisch in die Hand nehmen, es mit den Fingern berühren, betasten wollen, mit nackten Fingern, und es hineinzuschieben begehren in den schon lange nicht mehr trocknen Mund. Langsam. Vorsichtig. Kundschaftend.

Bei den so penibel adretten Essern sieht man nicht einmal hinter geschlossenen Lippen die Zunge unruhig werden, hin- und herfahren im weichen Innenraum des Mundes, den Freud immerhin als erste erogene Zone ausgemacht hat.

glaubt, daß man »mit dem Essen eindeutige Statements über sich machen kann. Zu welcher Klasse man gehört, welchen Grad von Bildung man besitzt, welchen Grad an sophistication man sich erworben hat.«

Da lobe ich mir die Esser, auf deren Lippen sich alle Sinne vereint zu haben scheinen, dort in jeder Pore ludern, zitternd lauern auf das, was kommen wird. Ich kenne einen Mann, der so ißt. Er schmeckt. Mit bebenden, weichen Lippen, die die neuen Genüsse erkunden. Neugierig, hingebungsvoll, lüstern nimmt er die Speisen in den Mund, birgt sie darin, kaut sie, schmeckt sie, liebt sie, bevor er sie den Schlund hinabschickt, sie dem Magen überläßt.

Am Anfang bestand fast alle Nahrung aus Brei, mal suppig, mal schleimig, mal leicht widerständig in der Konsistenz. Aber Mus war's, was man verschluckte. Aus Hirse, Gerste oder Roggen, in manchen Gegenden mit Datteln versetzt oder – bei den Massai in Afrika – mit Rinderblut. Gekaut wurde nicht.

Was haben wir es heute gut. Können Knackiges, Mulschendes, Tropfendes, Hartes, Knusperndes, Cremiges, Krumiges, Sämiges, Faseriges, Schmelzendes, Körniges zu uns nehmen. Können es zerbeißen und zernagen, ablutschen und kleinkauen, können uns beschäftigen mit dem, was wir essen.

Wer wirklich essen will, braucht Zeit dazu. Um sich einzustellen auf das, was ihn erwartet. Psychisch wie physisch. Mit Leib und Seele. In Frankreich soll es in wohlhabenden Familien einmal Sitte gewesen sein, in den Speisezimmern keine Uhr aufzustellen. Essen als zeitlose Angelegenheit, der man sich widmet als freier Mensch. Beim Essen muß man bereit sein, sich den Sinnen zu überlassen. Der Erotik des Essens. Muß Essen sehen, riechen, begehren. Nicht verschlingen. Denn Verschlungenes hat man so gut wie nicht gegessen, nicht gerochen und nicht geschmeckt. Wie beim Sex. Da gibt es den Quickie und es gibt die Liebe. Beim Essen gibt es Fast food und Slow food. Das eine verschluckt man so schnell, wie es hergestellt, und das andere genießt man so ausführlich, wie es zubereitet wurde. Es gibt übrigens inzwischen eine Vereinigung von Köchen, die sich »Slow Food« nennt und die Wahrung des Rechts auf Genuß einfordert.

Was braucht der Mensch zum Glücklichsein, wollte das Hamburger BAT Freizeitinstitut wissen, und rund 60 Prozent der Befragten nannten »gut essen und trinken« als Glücksfaktor Nummer eins – noch vor Auto, Urlaubsreise und Fernseher.

In Deutschland, so schreibt Hans-Ulrich Grimm in seinem Buch ›Die Suppe lügt‹, stammen 75 Prozent alles Verzehrten aus industrieller Produktion.

Das paßt doch irgendwie nicht zusammen.

Essen und Zeit gehören zusammen. Und Leute, die gemächlich essen, als gesellschaftliche Loser einzuordnen, in den hektischen Schlingern dagegen, diesen Ausbunden an Dynamik und Effizienz, die wahren Weltgestalter zu vermuten, ist töricht. Denn beim behaglichen Essen spielt die Phantasie im All des Kopfes. Und ohne Spielerei keine Vision. Ja nicht einmal eine gute Idee. Die man braucht, wenn man die Zukunft gestalten will.

Die Amerikaner sollen das längst erkannt haben. Die

geländegängigen, überall einsetzbaren Jagdhunde, auch Yuppies genannt, sind inzwischen weniger gefragt als die eigenwilligen, schrägen Vögel. Der Ex-Ford- und VW-Manager Daniel Goeudevert beschreibt in seinem Buch eine wunderbare Szene:

Ein hoher amerikanischer Chef ist angereist, um mit den europäischen Direktoren der Firma zu reden. Die sind alle hervorragend vorbereitet, haben Ausarbeitungen in dicken Aktenbergen vor sich auf dem Tisch liegen. »Close your books, gentlemen«, sagt da dieser verrückte Amerikaner auf einmal, »close your books and tell me what you think.« Daraufhin, so Goeudevert, habe sich eine große Stille in dem Raum ausgebreitet.

Vielleicht waren sie alle Dosenfutterschlucker. Denn wenn Menschen so denken, wie sie essen, dann muß angesichts all der weggemampften Tiefkühlkost und Suppentüten eine Menge Unsinn in ihren Köpfen herumspuken. Dabei ist es längst neurologisch erwiesene Tatsache, daß sämtliche Sinne des Menschen genutzt werden müssen, damit sich das Gehirn überhaupt entwickeln kann. Deshalb treiben kluge Lehrer nicht nur Sport mit ihren Kindern. Sie kochen auch mit ihnen. Riechen und schmecken mit ihnen. Und stellen fest, daß die lieben Kleinen dann viel besser schreiben und rechnen lernen können. Oder sie laden einen Vertreter der Köchevereinigung Eurotoques ein, die sich als »Greenpeace der Eßkultur« verstehen, wie einer von ihnen es einmal nannte, und in der so berühmte Köche wie Eckart Witzigmann, Paul Bocuse oder Vincent Klink Mitglied sind. Sie gehen in Schulen, um Geschmacksunterricht zu geben. Da werden Kräuter geraten, wird über Geschmack gesprochen, wird gerochen und wird gegessen. Wußte doch schon Epikur:

Anfang und Wurzel alles Guten
ist die Freude des Magens;
selbst Weisheit und alles,
was noch über sie hinausgeht,
steht in Beziehung zu ihr.

Essen kochen

Da ich mit zwanzig zum ersten Mal geheiratet habe und in großer Harmlosigkeit und Unwissenheit vom Elternhaus ins Ehestübchen übersiedelte, ohne daß mich jemand darüber aufgeklärt hätte, daß Eheleute auch zusammen essen und das Essen irgendwo herkommen muß, stand ich zunächst – und das dauerte eine ganze Weile – ziemlich hilflos in der Küche herum. Der Mann von damals behauptet gar, ich hätte ihn einmal angerufen, als ich mir einen Tee machen wollte: Das Wasser kocht, was tu' ich jetzt?

Er wußte, wie's geht. Teeblätter ins Tee-Ei, Wasser drüber und ziehen lassen.

Er konnte auch Salat waschen und zupfen, konnte eine Sauce rühren aus Essig, Öl und Senf, konnte Karotten und Kartoffeln schälen und kochen, Hackfleisch mit eingeweichten Semmeln und gehackten Zwiebeln vermischen und Buletten draus machen. Er wußte auch, daß man Paprika schmoren und geschmort essen konnte, aber die Schoten waren teuer und standen selten auf unserem Speisezettel. Hin und wieder gab es ein Huhn im Römertopf. Den hatten wir zur Hochzeit geschenkt bekommen. In ihm kochte ich. Legte das Huhn hinein und Gemüse daneben, stellte den Topf in den Ofen und wartete. Man konnte das Huhn tatsächlich essen.

Da man bei uns zu Hause zwar nicht schlecht aß, aber übers Essen nicht sprach, wußte ich auch nicht, wie man Essen macht. Als Würze kannte ich außer Salz, Pfeffer und Curry kaum etwas. Und Worcestershire-Sauce, die mein

Vater so liebte, war viel zu teuer für uns. Von Olivenöl hatte ich noch nie gehört, von Balsamessig erst recht nicht. Aber der kam wohl auch erst später in Mode und in mein Begehr, was gut so war, denn damals hätte mein studentisches Haushaltsbudget für Köstlichkeiten dieser Güte ohnehin nicht gereicht. Dabei verdiente der Mann schon. War Assistent an der Uni. Aber ich studierte. Ein bißchen gegen seinen Willen, glaube ich, aber mein Wille war's. Und wenn ich mich recht erinnere, kochte meist die Mensa für uns. Da löffelten wir dann unsere Eintöpfe, zuzelten an Bratwürsten herum, vertilgten Unmengen von Kartoffeln mit weißlich dicker Sauce, die Bechamel hieß und keineswegs Bechamel war. Aber Essen war Ende der sechziger Jahre wirklich selten ein Thema in der Mensa.

Abends waren wir zu Hause, und es gab Brot und Käse. Und natürlich Salat. Weil der so gesund war. Sagte mein Mann. Manchmal rührte er uns auch eine Quarkspeise an, mit kleingeschnittenen Bananen.

Bevor mich das Kochen interessierte, entzückte mich das Einkaufen. Wir lebten in Hamburg, und in Hamburg gibt es den berühmten Markt an der Isestraße. Ein langgestreckter Markt unter der U-Bahn, die hier als Hochbahn fährt und über den Blumenkohlköpfen und Stiefmütterchen, den Fenchelknollen und Marktfrauen, über den Stimmen, Kirschen und Tomaten auf rostigem Gestell hinwegdonnert und scheppert. Oben kreischte die Bahn, und unten wurde gehandelt und das Leben beschnackt, wurde nordisch breit gelacht. »Drück mich erst, wenn ich dein bin«, stand in ungelenker Schrift auf einem Pappschild bei den Pfirsichen. »Wirklich?«, fragte eine Frau. Sie war jung, und sie war hübsch. Der Mann am Stand grinste. »Na min

Deern«, rief er, »bei dir würd' ich wohl 'ne Ausnahme machen.« Der Markt war Leben. Unangestrengtes Leben. Und ich mittendrin. Eine verheiratete Frau. Eine Hausfrau, die einkaufte für ihren Mann und für sich. Preise verglich und Qualität und die so tat, als sei sie erwachsen. Aber das ist ein anderes Thema.

Das Kochen habe ich erst viel später gelernt. Allerdings bin ich bis heute so wenig begnadete Köchin wie edelzüngige Feinschmeckerin. Man kann mir nicht alles unterjubeln. Aber ich kann längst nicht alles herausschmecken, wie es Könner so gern und lässig demonstrieren. Jeden Sauerampferstengel in der Gemüsesuppe erkennen sie und sagen ihn an. Ich kann das nicht. Die Hauptsache ist, es schmeckt.

Auch beim Kochen packt mich selten der Ehrgeiz. Ich koche keine komplizierten Gerichte. Nichts Aufwendiges. Ich bin keine Köchin im Sinne der gehobenen Kochkunst. Ich kann ein paar Sachen, und die kann ich ganz gut, und ganz selten einmal gibt es Glücksmomente des hinsinkenden Genusses, die allerdings schwer wiederholbar sind. Wie das halt so ist mit dem Glück. Das mag daran liegen, daß ich das Gericht beim nächsten Mal anders koche, weil ich mich anders fühle, weil die Hände träge, traurig womöglich, vor sich hinschneiden; weil andere Gerüche im Raum sind, ein anderes Wetter durchs Fenster blickt, das Telefon klingelt, Gedanken im Kopf rumoren und schwirren wie eine aufgescheuchte Spatzenschar.

Rezepte, die nach allzu vielen Handgriffen aussehen, lege ich gleich beiseite. Es sei denn, mir hat jemand glaubwürdig versichert, der Kochbuchautor übertreibe. Was Kochbuchautoren übrigens gerne tun. Als ob ihr Gericht besser würde, kostbarer irgendwie, wenn sie das Prozedere der Herstellung aufwendig und schwierig beschrieben.

Ich kann nicht einsehen, warum ich die Gorgonzola-Sauce im Wasserbad rühren soll, wenn sie in der Pfanne gerührt genausogut schmeckt, warum ich das Mehl durchsieben soll, wenn's ungesiebt auch nicht klumpt. Ich bin auch nicht mehr bereit, Paprikaschoten so lange im Ofen sengen zu lassen, bis sie Blasen werfen, und sie dann zu häuten mit brennenden Fingern, die auch schon anfangen, Blasen zu werfen, obwohl ich sie nicht häuten will. Ungehäutete Paprikaschoten mit Thunfischsauce sind auch nicht schlecht.

Ich habe etwas gegen überflüssige Handgriffe. Nicht, weil ich mich eilen will beim Kochen, das nun wirklich nicht, sondern weil es mich einschränkt, weil ich mich eingeengt fühle von Vorschriften und minutiösen Anweisungen. Ich wiege ungern, mag das Grammgezähle nicht, all das Gesiebe und Durchgeseiere und in Windeln Geschleuderte. Vielleicht kann ich deshalb so schlecht nach Rezepten kochen.

Ich mag es gern handfest und frei. Mag marinieren, braten, schmoren, simmern, habe auch nichts dagegen zu köcheln, schon allein, weil mir das Wort so gut gefällt. Ich bestehe darauf, improvisieren zu dürfen.

Ich liebe es, Teig mit den Händen zu bearbeiten, überhaupt fasse ich alles gerne an. Wenn ich eine Quiche mache, sagen wir mit Käse, Schinken und Pilzen, und Käse, Schinken und vorgeschmorte Pilze auf den gut durchgekneteten und ausgeruhten Teig lege, dann ist das ein haptisches, ja ein erotisches Vergnügen. Jede Zutat fühlt sich anders an. Kühl, weich, biegsam, glatt, porös.

Und jede riecht anders! Ein Fest für Nase und Fingerkuppen. Wie bei der Liebe.

Aber ich bin ja beim Kochen. Was übrigens auch – das nur nebenbei bemerkt – erotisierende Wirkungen haben kann, wie uns Apuleius glaubhaft versichert: »Soeben schwenkte sie mit niedlichen Händen die Kasserole um, worin sie das Essen zurechtmachte. Durch ihre rasche Bewegung gerieten alle ihre zarten Glieder, gleich Gallert, in das sanfteste Beben. Hin und her wallten die wohlgepflegten Lenden, und wollüstig zitterten unter ihnen die runden Hüften.«

Aber eigentlich wollte ich ja erzählen, daß mir die Lust zu raffinierten Gerichten fehlt. Oder einfach die Begabung. Könnte ja auch sein. Denn, so schreibt Jean Anthélme Brillat-Savarin in seinem so klug wie genüßlich geschriebenen Werk ›Die Physiologie des Geschmacks‹: »Magen von Papiermaché erregen, Flatterwesen locken, deren Appetit nur ein Gelüste, immer auf dem Sprung zu entschwinden: dafür braucht ihr mehr Genie, braucht mehr Scharfsinn und Geduld, als zur Lösung kompliziertester Probleme der Geometrie.«

Einmal hat mir ein Mann erzählt, er habe jahrelang nur mit dem einen Ziel gekocht, die Zunge zu verwirren. Seine Augen glänzten, während er redete. Meine guckten ziemlich blöd. Denn das interessiert mich eigentlich weniger. Meine Zunge soll sich wohlfühlen, wenn ich esse. Im entzückten Behagen sein. Ob das wohl Ausdruck abgrundtiefer Biederkeit ist? Ausweis erotischer Belanglosigkeit? Ob der raffinierte Zungenverwirrer liebt, wie er kocht? Wie Casanova, der zwar nicht kochte, sondern kochen ließ, aber kulinarisch ein so ausgewiesener Feinschmecker gewesen sein soll wie in der Liebe. Es gibt ein Kochbuch mit seinen angeblich sinnlichsten Rezepten. ›Eine Auster im Mieder von Donna Emilia‹, heißt es, und ich beschließe, eines dieser libidinösen Gerichte nachzukochen. Was ganz Hintersinniges. Nicht immer nur blöde Sugos, Frittatas, Steinpilzrisottos und Auberginenaufläufe. Ich werde mich umgucken, wie ich kochen kann, wenn ich koche, was Casanova mochte. Und dann steht da, ich soll Geflügel entbeinen, die Knochen hacken und mit einer kleingeschnittenen Zwiebel in Öl anrösten – und schon blättere ich weiter, weil ich keine Lust habe, mit einem Hackebeil auf Knochen einzuhauen, das Geknöchel und Gebrösel mit Zwiebeln zu braten, mit Jus zu löschen (woher hab' ich den?) und, was immer übrig bleiben mag, durch ein Sieb zu passieren. Ich gebe auf. Scheitere an Casavona. Und koche eine deftige Linsensuppe, die mein Mann liebt und ich auch, und Casanova kann mir gestohlen bleiben.

Und Apicius übrigens auch. Der erste Kochbuchschreiber, dessen Rezepte uns überliefert wurden. Ein verschwenderischer Römer, der zu Augustus' Zeiten lebte und als besondere Leckerbissen die Gebärmutter von Jungsäuen und Schweineeuter empfahl. In seiner Küche wird gewaltig gekocht, und er muß viele Sklaven gehabt haben, die all die Kräuter zerstießen, Datteln entkernten und Knochen mörserten, wie er es in seinen Rezepten vorschreibt. Am liebsten ist mir folgende Anweisung: »Koche das Wildschwein in Meerwasser mit Lorbeerzweigen, bis es weich wird. Ziehe ihm das Fell ab. Serviere mit Salz, Senf und Essig.«

Es ist nicht nur die Zeit, die mir fehlt, um jede Tomate zu

häuten und zu entkernen, die ich verkoche. Zeit habe ich sowieso nie. Und hätte ich sie, dürfte ich das nicht sagen. Weil, wer Zeit hat, irgendwie zurückgeblieben ist in unserer eiligen Welt. Oder weise! Denn die Entdeckung der Gemächlichkeit öffnet Flügeltüren zu ganz neuen Genüssen.

Eine Freundin hat mir einmal erzählt, sie habe in dem Moment angefangen, leidenschaftlich zu kochen, als sie beschlossen hatte, aus dem Huschhusch der täglichen Mahlzeitenzubereitung eine besinnliche, eine sinnliche Angelegenheit zu machen. Mit Zeit, Musik und Hingabe. Seither braucht sie das Kochen, um sich zu erholen. Schneidet, stiftelt, simmert, hobelt oder raspelt sich fast täglich, auch nach langen Bürotagen oder schnellen Geschäftsreisen, eine Kleinigkeit am Abend. Keine Menüs. Aber ein Essen. Und wenn es zu gelingen scheint und die Düfte sie bereits betören, dann legt sie sich einen Walzer auf und tanzt ein wenig in ihrer Küche. Einmal traf ich sie mit einem vergipsten Zeh auf der Straße. Den hatte sie sich beim Tanzen gebrochen. In ihrer Küche. Beim Kochen.

Ich höre Radio beim Schnibbeln und Vierteln oder rede mit mir. Erzähle mir, was ich gerade tue oder gleich tun werde. Und jetzt Öl in die Pfanne, sage ich, und kurz die zerdrückte Knoblauchzehe hinein, um das Öl damit zu parfümieren. Manchmal singe ich auch ein bißchen Mozart mit, trällere mal mit dem Klavier, dann mit den Streichern. Ich bin ja allein. Trinke ein Gläschen Wein oder auch zwei, rieche, fühle, schmecke.

Je mehr ich koche, desto seltener benutze ich Küchenmaschinen zum Scheibenschneiden von Gemüse. Ich will in der Hand haben, was ich verarbeite. Die glatte, kühle

Aubergine, die leicht stachelige Zucchini, die poröse Gurke, den Apfel in seiner widerständigen Schale. Ich will fühlen, was ich gleich essen werde, will hören, wie die Frühlingszwiebel knirscht, die Karotte knackt, die Gurke schmatzt, wenn ich sie schneide. Ich will den Geruch von Knoblauch an meinen Fingern.

Fast immer koche ich dann am besten, wenn ich alleine koche. Oder mit jemandem, den ich mag. Ich will niemanden unterhalten müssen, wenn ich mit dem Gemüse und der Pfanne rede. Und ganz trostlos wird meine Kocherei, wenn ich den Druck verspüre, besonders Gutes auf die Teller bringen zu sollen, aus welchen Gründen auch immer. Dann kann ich mit Sicherheit davon ausgehen, daß mir die Lust am Kochen in der Pfanne verbrennt und das Essen einigermaßen mißlingt. Was mich ärgert. Und enttäuscht. Kürzlich hatte ich Knoblauch in zu heißem Fett zu lange auf dem Feuer gelassen. Er schmeckte bitter. Und die Spaghettisauce war dahin. Aber meine Gäste hatten sich zum Glück so viel zu erzählen, daß sie übers Reden das Schmecken vergaßen. Und so schwatzte ich eifrig mit, um mich abzulenken vom eigenen Debakel.

Viel herber ist die Enttäuschung, wenn man für sich allein gekocht hat und das Gekochte nichts taugt. Wenn man gehackt, geschnibbelt, geputzt, die Steinpilze mit einem Backpinsel entsandet hat, wenn man geschmort, gelöscht, geköchelt hat, die Sauce auf die Spaghetti gab, den Parmesan darüber rieb, sich erwartungsvoll an den Tisch setzt, den ersten Schluck Wein nimmt und den ersten Biß – und die Chose nicht schmeckt. Habe ich die Pilze zu heftig angebraten oder zu wässrig gelöscht? Zu viel Brühe hinzugefügt? War der Wein alt oder vielleicht zu sauer, der

Rucola zu welk oder zu großblättrig geschnitten? Was ist schiefgelaufen? Grimmig stochere ich auf meinem Teller herum. Waren die Pilze schlecht oder die Stimmung?

»Man muß das Essen lieben«, schreibt Arrigo Cipriani, Besitzer der legendären »Harry's Bar« in Venedig im Vorwort seines Kochbuchs, »und auch die Menschen mögen, für die gekocht wird. Und diese Sorgfalt und Liebe, die unbedingt nötig sind, damit ein Gericht gelingt, kann man schlechterdings nicht in einem Rezept beschreiben.«

Er hat recht. Wenn ich mißmutig koche, schmeckt das Essen so, wie meine Stimmung war – und dann auch bleibt. Denn eine enttäuschte Vorfreude auf den einen Geschmack, auf den man sich lustvoll kaprizierte, kann einen in eine veritable Lebenskrise stürzen.

Rossini hat das offenbar auch so gesehen. Dreimal, soll er gesagt haben, dreimal habe er in seinem Leben geweint. Als ›Der Barbier von Sevilla‹ ausgepfiffen wurde, bei einer Arie und »als ich den Flügel eines getrüffelten Huhns in den Comer See fallen ließ«.

Essen schmecken

Bei einer Lebenserwartung von 72 Jahren verißt der Mensch etwa 39 420 Stunden. Nur: Nicht jeder, der ißt, kann essen. Ungeübte Gaumen speisen zeit- und lustverschwendend am Genuß vorbei. Das tun sowohl die Weltverschlinger, die sich wahllos einverleiben, was ihnen begegnet: Brote, Braten, Frauen (oder Männer), Gnocchi, Länder, Nußeis, Pralinen oder Aktienpakete, als auch die schmallippigen Häppchenverzehrer, für die Essen eine animalische Notwendigkeit ist, zu nahe an Trieb und Tod, um ihm mit Vergnügen frönen zu dürfen.

Das Schmecken will gelernt sein. Und kann nicht gelernt werden, wenn man übers Essen nicht spricht und das Schmecken nicht übt. Wenn man Schokoladenriegel zerbeißt und zerschluckt, statt sie zu besuckeln und schmelzen zu lassen auf der mundwarmen Zunge, den cremig süßen Brei am Gaumen zu spüren, an Lippen- und Zahnfleisch und wie er hinabrinnt durch die Kehle dem Magen entgegen. Leise schmatzend leckt man sich die schmiegsam weiche Schokomasse von den Zähnen und aus den Backentaschen.

Man muß sich das auf der Zunge zergehen lassen, sagt man. Und meint häufiger die verbale Gemeinheit des mobbenden Kollegen oder die Köstlichkeit eines kolportierten Klatsches als die Limonenschaum-Sauce, die so zart über den grünen Spargeln zerfließt.

Essen ist eine Sinnesfreude, und Sinne wollen geweckt sein; vernachlässigt können sie genauso verkümmern wie unbenutzte Muskeln, die schlaff im Körper herumhängen, oder Gefühle, die stumm und dumpf werden, läßt der Mensch sie nicht leben. Jeder Sinn, der ungenutzt bleibt, verödet ein bißchen das Hirn. Die alten Griechen haben es gewußt und später auch die Römer. Philosophen und Dichter haben mit Wollust geschlemmt und wortreich darüber geschrieben. Man pflegte eine reichliche Tafel mit so großer Sorgfalt wie die dazugehörigen gelehrten Gespräche. Homo sapiens nennen wir uns mit einiger Genugtuung im Hinblick auf den Rest der göttlichen Geschöpfe und übersehen dabei, daß sapiens nicht nur wissend und wissen wollend, sondern auch schmeckend bedeutet. Auch das Schmecken belebt das Hirn, das Denken; eine Belebung, die uns im Zeitalter der Fertigprodukte und Fast-Food-Süchte, der Mikrowellenaufwärmer und Dosenfutterschlucker allerdings immer mehr verlorenzugehen droht.

»Nicht maße jedweder so leicht sich tafelnder Kunst an«, mahnte Horaz, »wenn er zuvor nicht tief eindrang in des Geschmacks Geheimnis.« Und dazu bedarf es einer gewissen Intelligenz. Dumme Menschen, befand Guy de Maupassant, könnten nie Feinschmecker sein.

Wir Deutsche haben offenbar noch nie so recht begriffen, daß Schmecken zum Menschsein dazugehört. An vielen, wenn nicht den meisten deutschen Tischen werden Kinder noch immer nicht dazu erzogen, Essen zu schmecken, sondern es aufzuessen. Ein tumberes Essensmotto läßt sich kaum denken. Wer Kindern den eigenen Geschmack austreibt, nimmt ihnen ein Stück ihrer Individualität, jedenfalls versucht er es, und verweigert ihnen die Lust am Genuß. Und welche psychischen Deformationen einhergehen können mit der Unfähigkeit zu genießen, kann sich selbst der Laie ausmalen.

Gerade das Gemüse, das er ganz und gar nicht mochte, mußte ein Junge im Internat in großen Mengen essen. Mußte es aufessen. Als Erziehungsmaßnahme. Ausgetüftelt von autoritären Dummköpfen, die selber Untertanen sind und Untertanen wollen.

Kau iß schluck, kau iß schluck. Mit dieser hirnlosen Litanei ist eine Freundin von mir aufgewachsen und hat sich lange nicht vorstellen können, daß Essen und Sinnlichkeit miteinander zu tun haben. Da sie allerdings eine intelligente Person ist, hat sie sich aus dem Schreckenskorsett des Aufeßzwangs irgendwann lösen und begreifen können, wie vergnüglich und genüßlich Essen sein kann. Wenn man es schmeckt.

Unsere Geschmacksorgane sind die Schmeckzellen in den Geschmacksknospen der Schleimhaut von Zunge, weichem Gaumen und Kehldeckel. 1860 wurden sie zum ersten Mal entdeckt. Zwei- bis fünftausend Geschmacksknospen hat der Mensch, während Hasen und Hunde etwa zehn- bis dreißigtausend haben und man bei einigen Fischen sogar mehr als hunderttausend Geschmacksknospen findet, die nicht nur im Maulbereich angesiedelt, sondern manchmal über den ganzen Körper verteilt sind. Geschmack, sagt der Biologieprofessor Hans Hatt, sei wohl »das phylogenetisch älteste Sinnessystem«.

Tatsächlich aber taugen unsere Geschmacksorgane nicht viel. Denn sie können nur vier Geschmacksrichtungen unterscheiden: sauer, süß, salzig und bitter. Alles, was der Mensch sonst zu schmecken glaubt, riecht er in Wirklichkeit. Nicht die Zunge, sondern die Nase mit ihren zehn Millionen Sinneszellen ermöglicht es uns, zu schmecken. »Die reizempfindlichen Riechzellen«, schreibt der Arzt Claus Herberhold, »sind in die Schleimhaut der oberen Nasenetage eingebettet. Ihre Fortsätze bündeln sich und ziehen als Riechfäden durch die knöcherne Siebbeinplatte in das Schädelinnere.« Der Geruch ist ein Feinsinn, und man schätzt, daß wir Menschen etwa 10 000 verschiedene Gerüche wahrnehmen können. Könnten. Denn bei vielen ist der Geruchssinn so verkümmert, daß sie es gerade mal schaffen, zwanzig oder dreißig Riecheindrücke richtig zu erkennen und zu benennen.

Aristoteles unterschied zwei Fernsinne (Sehen und Hören) und zwei Nahsinne (Schmecken und Tasten) und schrieb dem Geruch als fünftem Sinn eine mittlere Rolle zwischen beiden zu. Im Laufe der europäischen Kulturgeschichte wird dem Auge lange Zeit als geistigstem aller sensorischen Wahrnehmungen gehuldigt, während dem Geschmackssinn als niedrigstem Sinn eher mit Vorbehalten begegnet wird. Denn Geschmack riecht nach Trieb, nach Sexualität, nach unzivilisierter Lust. Bis man den Begriff ästhetisiert hat, eingeführt in die Begrifflichkeit der Philosophie und später des Bürgertums. Dort hat Geschmack, wer sich mit Bildung und Geist in der Gesellschaft bewegt, und nicht der, der sich seine Nahrung und seinen Geschlechtspartner erwittert. Geruch, Geschmack und Geschlechtstrieb sind miteinander verknüpft. »Bei den Menschen beginnen die Duftdrüsen wie bei den anderen Säugern ihre Produktion mit dem Erreichen der Geschlechtsreife«, schreibt der Zoologe Michael Stoddart, »denn für die Regulation dieser Drüsen sind die Geschlechtshormone zuständig.«

Wenn man einen Menschen nicht mehr zum Fressen gern hat, kann man ihn nicht mehr riechen. Verdufte, sagt man zu ihm.

Der Philosoph Hans Georg Gadamer findet, das sinnliche Unterscheiden des Geschmacks sei »in Wahrheit nicht bloßer Trieb, sondern hält bereits die Mitte zwischen sinnlichem Trieb und geistiger Freiheit«.

Heute weiß man, daß Düfte in Hirnregionen vordringen, in denen Gefühle entstehen oder auch sexuelle Reaktionen. Denn die Riechorgane sind nahe Nachbarn – nur zwei Schaltstellen entfernt – von den Zentren für Emotionen und für Hormone. Biologen, die sich mit medizinischer Psychologie beschäftigen, haben festgestellt, daß bei depressiven Patienten zum Beispiel oft auch die Geruchswahrnehmung gestört ist. Behandelt wird dann unter anderem mit Düften – und das mit Erfolg.

So sind es auch meist Gerüche, die längst vergessene Kindheitserinnerungen aus dem Langzeitgedächtnis hervorholen.

Für mich zum Beispiel ist es der Duft von frischen Hefebrötchen. Die Großmutter Dora buk, wenn sie bei uns war. Am Sonntagmorgen. Ich lag im Bett und schnupperte, wenn der Duft kam. Der eilig die Treppe heraufsteigt, als Ahnung erst und dann in seiner ganzen Schwere, der durch Türspalten schleicht und im Zimmer steht; bescheiden zunächst sich nur in die Nase setzt und erst dann durch alle Poren in den Körper eindringt. Ein Duft, den man riecht und fühlt, ihn im Nacken spürt – als leisen Schauer. Es ist ein Genuß, der im vagen Entzücken beginnt und dort endet, wo man die Grenze zwischen sich und dem Duft nicht mehr kennt. Das erste Heranwehen fängt man noch mit geblähten Nüstern ein, wagt kaum, die zarten Düfte einzuatmen, weil sie verlorengehen könnten in der Weite der Nase. Ganz leicht nur darf man schnobern. Vorsichtig. Und zärtlich. Die Gier kommt später. Mit der Fülle. Wenn man den Duft nicht mehr einfangen muß, sondern ihm nicht mehr entrinnen kann. Wenn er tändelnd die nackte Haut umspielt und man zu schmecken meint, was man nur riechen kann.

Geschmack ist Geruchssache. Je besser wir riechen, desto mehr schmecken wir auch. Und wer sich parfümiert zum guten Mahl niederläßt, darf sich nicht wundern, wenn er weder die Blume des Weines erschnüffeln noch die Sauce Mousseline in ihrer feinen Würze kosten kann. Wer meint, seinen Geschmackssinn oder einen Teil davon eingebüßt zu haben, hat in Wirklichkeit meist einen gestörten Geruchssinn. Eine übliche Verwirrung der Sinne. Die unter anderem daher rührt, daß Düfte die Riechzellen nicht nur durch die Nase, sondern auch durch den Rachenraum erreichen.

Düfte ziehen ungefiltert in das Unbewußte im Menschen. Was dramatische Konsequenzen haben kann. Claude Lévi-Strauss berichtet in seinen Mythologica, daß amerikanische Soldaten 1944 nach der Landung in der Normandie zuweilen Käsefabriken zerstörten, weil ihnen ein »Leichengeruch« entströmte, wie sie später sagten.

Und gerade weil Gerüche unbewußte Reaktionen hervorrufen, werden sie von den Herstellern von Fertigprodukten so gern und so schamlos benutzt. Deshalb versetzen sie ja Suppen und Saucen in Tüten und Dosen, Tiefkühlkost, Yoghurt, Eiskrem, Brot oder Sirup mit künstlichen Aromen. Hans-Ulrich Grimm beschreibt in seinem Buch, wie mitten in Manhattan der Duft der großen weiten Welt komponiert wird, wie die Gaumenfreuden für den ganzen Globus geplant werden. Der Jahresumsatz der Firma beläuft sich auf etwa 1,1 Milliarden Dollar. Und nicht nur Nahrungsmittelhersteller sind ihre Kunden, sondern auch Geschäfte, die Düfte kaufen, um sie als Lockstoff in die Luft zu sprühen, damit sie Kunden zum Kauf animieren. Wacholder zum Beispiel gilt als geeignetes Mittel gegen Kaufapathie und Lavendel gegen Mißtrauen. In manchen Büros werden heute schon Mitarbeiter beduftet, was meist über die Klimaanlage geschieht. Melisse soll laut Auskunft der Dufthersteller gegen Ärger und Zorn gut sein, Basilikum gegen Depression und Melancholie, Rosenduft gegen Neid und Mißtrauen.

Auch das Schmecken wird durch die künstlichen Aromen manipuliert. Jugendliche, schreibt Hans-Ulrich Grimm, brauchen heute zwanzigmal intensivere Reize als noch vor zehn Jahren, um einen Geschmack als solchen wahrzunehmen.

Meisterkoch Vincent Klink kennt das aus eigener Erfahrung. »Wenn Lehrlinge zu uns kommen«, sagt er, »schmeckt denen fast gar nichts außer ihrer Milchschnitte und Coca-Cola. Und nach drei Jahren mögen sie fast alles.«

Die meisten Kinder essen heute Ananas aus der Dose lieber als die frische Frucht. Der denaturierte Geschmack ist ihnen vertrauter. Klink spricht gern von Geschmacksverhunzung.

Natürlich ist Geschmack auch eine kulturelle und eine

soziale Frage. Der Speiseplan der verschiedenen Stämme in Amazonien etwa, sagt die amerikanische Ethnologin Katharine Milton, sei »eine kulturelle Grenzziehung«. Ein Parakana zum Beispiel ekele sich vor Affenfleisch und halte Nachbarstämme, die es köstlich fänden, für Barbaren. So sind wir auch. Erst haben wir die Spaghettifresser verlacht und dann die Singvögelbrater und Froschbeinverzehrer.

Wat de Bur nicht kennt, dat freet er nich. Also muß er es kennenlernen. Den Gaumen üben. Und das Schmecken.

Essen ist eine Notwendigkeit, schrieb François La Rochefoucauld, aber mit Verstand zu essen ist eine Kunst. In der wir Deutsche offenbar noch immer keine rechten Meister sind. Jeder italienische Hafenarbeiter, empört sich Vincent Klink, beherrsche das Essen genußvoller als in Deutschland das sogenannte Bildungsbürgertum. Wenn denn, wie Karl Friedrich von Rumohr behauptet, die Kochkunst mit dem Nationalcharakter, mit der Geistesbildung der Völker in Verbindung stehe, dann sind wir noch immer kulturlose Eßbanausen, denn das beliebteste Weihnachtsessen der Deutschen sind Würstchen mit Kartoffelsalat.

Schon Nietzsche hat sich in seinem ›Ecce homo‹ über die deutsche Küche bitter beklagt: »Was hat sie nicht alles auf dem Gewissen! Die Suppe vor der Mahlzeit (...); die ausgekochten Fleische, die fett und mehlig gemachten Gemüse; die Entartung der Mehlspeise zum Briefbeschwerer! Rechnet man gar noch die geradezu viehischen Nachgußbedürfnisse der alten, durchaus nicht bloß (...) *alten* Deutschen dazu, so versteht man auch die Herkunft des *deutschen Geistes* – aus betrübten Eingeweiden. (...) Der deutsche Geist ist eine Indigestion, er wird mit nichts fertig. (…) Alle Vorurteile kommen aus den Eingeweiden.«

Da helfen auch schicke Küchen nicht, die längst zu Statussymbolen avanciert sind und wo an der Stahlreling Spitzsieb, Seihlöffel und Dekoriermesser hängen, Pendelschäler für Rechts- und für Linkshänder, Fadenschneider, Trüffelhobel und Risottolöffel.

Da hilft auch keine noch so prätentiöse Sprache, keine Sinfonie von Edelfischen, kein Dialog von Muschel und Rauch, kein Impromptu von Hummer und Beere, kein Sorbet an Erdbeerpüree, keine Eier im Kressenest oder Kartoffelsalat mit Knusperspeckwürfelchen. Ganze Bücher könnte man füllen mit der Speisekartensprache deutscher Edelrestaurants für den gehobenen Esser – und es würden sehr komische Bücher werden.

Und da ich der Meinung bin, daß ein Mensch, der einen Gaumen hat, auch Worte schmecken sollte, argwöhne ich meist eine mittelmäßige Küche bei aufschäumenden Wortkaskaden. Worte kann man schmecken und Stimmen. Kann einem Gesang nachschmecken wie der Liebe. Synästhetiker hören Farben und schmecken Formen. Wenn er eine kühle, glatte Säule berühre, hat einmal einer gesagt, dann sei das wie Pfefferminzgeschmack.

Schmecken hat mit Lust zu tun, mit Muße, Entspannung und Erfahrung.

Und mit dem Glück, das Richtige, oder dem Pech, das Falsche im Mund zu haben.

Über den Versuch, mir eine Rosinenschnecke schmecken zu lassen

Seitdem es im Zug statt Bratkartoffeln mit Spiegeleiern Flugentenbrüstchen an Kapernschaumsauce auf Reisbett gibt, gehe ich nicht mehr so gern in den Speisewagen, der inzwischen ohnehin Bordrestaurant heißt, keine Ahnung warum, aber vielleicht paßt das besser zum Flugentenbrüstchen und seinen dekorativen Kumpanen auf dem Menü.

Seitdem es keine Bratkartoffeln mit Spiegeleiern mehr gibt – die waren nämlich richtig gut im Zug –, trinke ich meist nur noch Kaffee im IC und bleibe auch dann an meinem Platz, wenn mir der Zugchef immer wieder aus dem Lautsprecher zuruft, daß das freundliche Team der Mitropa mich gerne erwartet. Neuerdings übrigens lockt er mich gar mit dem Mitropa Service Team. Freundlich ist es dann zwar nicht mehr, aber ich werde offenbar bedient. Und da wir Deutsche es mit dem Dienen nicht so haben, vielleicht weil wir es ein wenig verwechseln mit dem Dienern, dem untertänigsten Beugen des Kopfes unter eine höhere Gewalt, der wir uns ja nun, da wir so eifrig aus der Geschichte gelernt haben, nicht mehr so ohne weiteres unterwerfen wollen, weil wir also dienern und dienen nicht so ganz auseinanderzuhalten uns in der Lage sehen, andererseits aber die Dienstleistungsgesellschaft doch irgendwie als rettende Vision des Wirtschaftsstandortes Deutschland am Horizont erscheint, deshalb redet der Zugchef in der Deutschen Bundesbahn nach gewiß langer und durchaus teurer Beratung mit seiner Public Relations Agency lieber von Service. Zwar frage ich mich, was das freundliche Mitropa Team vorher gemacht hat, bevor es ein Service Team wurde – hat es etwa als Kleingruppe im Speisewagen herumgestanden, ohne zu bedienen? –, aber die Entscheidungen der Herren von der Deutschen Bundesbahn sollte man nicht allzu sehr bedenken, weil man sonst doch tatsächlich auf Gedanken kommen könnte, die weit hinausgehen über die Frage, ob mich die Damen und Herren Kellner im Zug nun bedienen oder ob sie mich servicen.

Kürzlich bin ich mit dem Zug von Berlin nach Bonn gefahren. Fast sechseinhalb Stunden dauerte die Reise. In Magdeburg mußte ich umsteigen und hatte zwanzig Minuten Aufenthalt. Und ich hatte Hunger. Und wenn ich Hunger habe, muß ich mich füttern. Weil das Entzücken des kleinen Hungers, der die Vorfreude aufs Essen so lebhaft verstärkt, sich schnell und manchmal ganz unmittelbar verwandelt in einen miesgrämigen Koloß in mir. Dem ich ausgeliefert bin. Der mich beherrscht. In meinem Magen sitzt und in meinem Kopf. Knurrt, bellt und greint wie ein angeketteter Hofhund. Manchmal bin ich schon schlecht gelaunt, bevor ich überhaupt Hunger habe, oder genauer gesagt, bevor ich weiß, daß ich hungrig bin. Mein Mann erkennt inzwischen – aus reinem Selbstschutz – die frühesten Anzeichen. Hört den Hunger in meiner Stimme, sieht ihn in eckigen, irgendwie gereizten Bewegungen, spürt ihn in meinem Verstummen oder in der Wut, mit der ich Leute beschimpfe, die essen.

»Guck mal die Gier, es ist ja unglaublich, wie der Kerl

frißt, gleich bekleckert er bestimmt seinen teuren Schlips, und MuttiZuHaus muß dann wieder zur Schnellreinigungstube greifen und an der Krawatte rumrubbeln, weil ihr Heinrich das Fischbrötchen mit Mayonnaise mit dreieinhalb Bissen verschlingen wollte.«

»Kann es sein«, fragt dann mein Mann, »kann es sein, daß wir dich füttern müssen?« Und ist erleichtert, wenn sich die grimmige Stimmung durch das Vertilgen eines Krabbenbrötchens, eines Butterkuchens oder einer gebutterten Laugenbrezel vertreiben läßt. Wenn sich denn gleich findet, wonach mein Hunger sucht. Denn wenn er sich erst einmal auf den Weg gemacht hat, durch meine Eingeweide stapft, daß mir ganz übel wird, und sich als Kopfschmerz in die Schläfen schleicht, werde ich wählerisch. Einen solchen Hunger kann man nur mit dem richtigen Bissen beruhigen. Und so renne ich mit irrem Blick durch die Straßen. Bleibe vor diesem Metzger, jenem Bäcker, vor irgendeiner Imbißbude stehen und schüttele immer wieder den Kopf. Dies will ich nicht und jenes auch nicht, und die Würstchen, die dort in dem ekligen Fett sieden, die will ich schon gar nicht. Bei ihrem Anblick könnte einem ja fast der Hunger vergehen. Was er nicht tut. Im Gegenteil. Jetzt hat er die Tatzen ausgefahren und die Krallen dazu und kratzt und ratscht an meinen Magenwänden.

Wenn mein Mann mich dann beruhigen, mich am Arm fassen und Schritt und Blick in eine andere Richtung lenken will, befreie ich mich voller Empörung von seiner Zuwendung. Wie könnte ich denn bitte Arm in Arm mit ihm durch die Straßen schlendern, ganz so, als sei alles wie immer und ganz normal, wie könnte ich einfach nur so mit ihm schlendern, da ich doch Hunger habe! Sein Arm ist mir stets willkommen, natürlich ist er mir willkommen, es ist ein Arm, den ich geheiratet habe, weil ich den Arm um mich mochte. Aber jetzt will ich essen.

Unausstehlich, sagt er, sei ich, wenn ich unbedingt essen wolle, mir aber nichts und gar nichts recht sei von dem, was es so zu essen gebe. Früher hat er mir dieses Brötchen oder jenes Süppchen aufgedrängt. Nun iß doch irgendwas, hat er gesagt, weil er seine Ruhe haben wollte. Heute sagt er nichts mehr. Denn dieses irgendwas ist weder mir noch ihm bekommen. Wenn es falsch war, war ich wütend, wütend auf ihn, denn er war ja schuld, daß ich mir den Magen mit Unsinn beschwerte und deshalb weiteressen mußte, bis ich den richtigen Geschmack fand, so daß ich den Irrungen und Wirrungen von Hunger und richtiger Befriedigung von neuem ausgesetzt war.

Gerade bei großem Hunger nämlich ist es für mich wichtig, ihn mit dem passenden Bissen zu beruhigen. Zu umfassend ist die Enttäuschung, wenn nicht stimmt, was ich verspeise. Dann fühlt sich der volle Magen an wie ein leeres Loch. Dann brauche ich dringend ein nächstes Essen und einen Magenbitter dazu. Brauche Essen als Trost, als Wiedergutmachung, als Entschuldigung für den zuvor dem Magen zugemuteten Fraß.

Und damit sind wir wieder in Magdeburg. Wo ich zwischen zwei Zügen Aufenthalt hatte. Und Hunger. Also: Treppen hinunter und Treppen hinauf und hinein in die Haupthalle, die nicht so schrecklich imposant war in Magdeburg, aber gut. Es gab immerhin zwei verschiedene Bäcker. Und beide hatten Rosinenschnecken. Die ich sah und wollte. Eine davon. Zum Kaffee im Zug. Das neue Jahr hatte gerade begonnen, und im Januar esse ich Rosinenschnecken am liebsten. Keine Ahnung warum. Das hat sich irgendwie so ergeben. Ab März esse ich Mandelhörnchen, im späteren Frühling Kokosschnitten. Und wenn ich im Juli eine Rosinenschnecke esse, dann muß etwas ganz Besonderes los sein. Dann habe ich Ferien und bin vielleicht in Südfrankreich, wo es die besten Rosinenschnecken überhaupt gibt.

Aber jetzt bin ich in Magdeburg. Am Haupbahnhof. Und es gibt zwei Bäcker, die Rosinenschnecken haben. Der Geschmack liegt mir bereits auf der Zunge. Wäre ich Jagdhund, ich würde langzüngig hecheln und leise fiepen oder auch schon lauter, ungebärdig womöglich, der Beute so nahe.

Nur, hier lagen zwei Beuten zum Zubiß bereit. Das war die Schwierigkeit. Ich mußte mich für eine von beiden entscheiden. Mehrfach bin ich wie zufällig zwischen den beiden Lädchen hin- und hergependelt, habe die Stücke in Augenschein genommen, sie kritisch betrachtet. Mit wissendem Blick, wie ich dachte, kennerisch. Teigdicke, Zuckerguß, Rosinenzahl und -beschaffenheit. Der Preis war derselbe. Schlendernd habe ich geguckt und geschmeckt, habe auch mit einiger Gründlichkeit die anderen Gebäckstücke unter die Genuß-Lupe genommen, um aus ihrer Qualität auf die Güte des Ladens schließen zu können; selbst die Verkäuferinnen habe ich miteinander verglichen. Eine gefiel mir, die andere nicht, weil sie so überaus munter über ihre Brötchen, Gebäckstücke und Kaffeetassen hinweg und in die Welt hinaus-, das heißt auf ihre Kunden einplauderte. Die andere war ruhig. Eine dicke, bedächtige Bürgersfrau, die gewiß, so entschied ich, keine schlechten Backwaren verkaufen würde.

Ich trat ein. Die Ladenglocke bimmelte. Die dicke Verkäuferin lächelte aus einem dicken Gesicht. Die Fettfurchen lagen tiefer eingebettet, als ich es durch die Scheibe des Fensters hatte wahrnehmen können. Die Frau muß ja breit lachen, dachte ich, damit es wie ein feines Lächeln im Gesicht aufscheint, weil Gesichtsregungen der unauffälligeren Art fraglos verschwinden würden in den Speckrinnen an den Backen, neben der Nase und auch am Kinn.

»Eine Rosinenschnecke bitte«, sagte ich fröhlich, denn ich war glücklich, mich nach langem Hin- und Hergeschnüre und innerem Hin- und Herdebakeln endlich entschieden zu haben. Sie nahm die Rosinenschnecke in ihre dicke Hand, in der mein Gebäckstück fast verschwand, und schob es in eine Tüte, die sie mir über den Tresen reichte. »Zwei Mark bitte und eine gute Reise«, sagte sie und hatte gar keine fette Stimme. Die Stimme war sogar dünn. Und ich fragte mich, wie es der dünnen Frau in dem dicken Körper wohl ginge. Ob sie sich eingesperrt fühlte oder beschützt? Oder vielleicht beides auf einmal? Geht es Ihnen gut, hätte ich die Backwarenverkäuferin beinahe gefragt, doch dann zahlte ich lieber und verließ mit einem freundlichen Dank den Laden.

Ich habe das Teilchen nicht gleich bröckchenweise aus der Tüte gezogen und schon im Gehen auf der Treppe gegessen, wie ich es sonst gern tue in meiner Gier. Dieses Mal habe ich es diszipliniert aufbewahrt und im Zug einen Kaffee bestellt, den zu bekommen allerdings so einfach nicht war, weil es auf den Gleisen der Ex-DDR auch im Jahre Neun nach der Wiedervereinigung noch so heftig holpert, daß der freundliche Schaffner-Kellner – mit allerdings auch unübersehbar tölpelnder Hand – sich vergeblich bemühte, das Tablett zu balancieren, und daher einen Teil des Kaffees erst einmal über meine Taschen ausgoß. Ein blasses Lächeln der Entschuldigung im jugendlichen Akne-Gesicht. Doch der zweite Versuch klappt. Ich bekomme meinen Kaffee und sogar noch einen Gutschein dazu. Für das kleine Unglück, sagt der freundliche Schaffner, und ich bestelle ein Wasser. In ahnungsloser Weitsicht. Ich werde es noch brauchen.

Irgendwo, in der Mitte vielleicht zwischen Magdeburg und Braunschweig, ist es dann so weit.

Mit großem Begehr die Rosinenschnecke aus der Tüte geholt, hineingebissen, kräftig hingekaut und erbleichend gewürgt. Sie schmeckt scheußlich. Was ich nicht wahrhaben will, was nicht wahr sein darf. Die Vorfreude war so groß gewesen, die Enttäuschung wäre himmelschreiend. Schlechtes Essen, auf das man hingebungsvoll gewartet hat, voller Sehnsucht und Vorschmack im Kopf, ist wie ein verweigerter Liebesvollzug, wie ein Mann, der einschläft, wenn man selber will. Auch dann bleibt man elend und hungrig zurück.

Ich habe in solchen Momenten, ich meine in den Momenten, wenn das Gericht, das Brot, das Gebäck nicht schmeckt, auf das ich mich freute, die verzweifelte Neigung zu versuchen, mir das schlechte Essen gutzukauen. So auch jetzt. Entschlossen beiße ich nochmals in die Rosinenschnecke, weil ich will, daß sie mir schmeckt zum Kaffee, ich beiße und kaue energisch und angestrengt, als könnten mehrfaches konzentriertes Speicheln und zerebrale Beschwörungen jener Nerven, die den Verkehr zwischen Zunge und Hirn regeln, aus einem pappigen, puffigen Teig und einer überzuckerten Blubberfüllung ein akzeptables

Gebäckstück machen. Es muß doch möglich sein. Ich locke die Erinnerungen an jene südfranzösischen Rosinenschnecken auf meine Zunge, die weder zu süß noch zu teigig noch zu eierschneckig daherkommen, die schon in dem Moment, in dem man mit dem Finger das erste Stück abreißt, ihre leicht widerständige und doch nachgiebige Köstlichkeit offenbaren. Knusprig zart der Guß, versinkend weich das Innenleben. Dieses Gebäck zu einem Grand crème in der verräucherten Kneipe zu essen, in der auch die Wettannahmestelle des Dorfes ist, eine lautstarke Angelegenheit übrigens, und lautstarke Kneipen sind natürlich immer dann besonders anregend und kein bißchen ablenkend vom Geschmack, wenn man nicht alles versteht, was dort beschwatzt wird, wenn statt banaler Worte fremde Klänge ans Ohr dringen, dort also die beschriebene Rosinenschnecke zu essen, das ist ein Höhepunkt essenden Genusses.

Aber jetzt sitze ich im Zug zwischen Magedeburg und Braunschweig.

Ein winterblauer Tag am Anfang des Jahres und fast schon frühlingsgrüne Felder, weil Kälte und Schnee ausbleiben und die Natur dem Chlorophyll verwirrende Signale gibt. Hin und wieder ein viereckiger Kirchturm norddeutscher Bauart. Nicht so malerisch wie die bayerisch katholischen Zwiebeltürme, aber behaglich solide Bollwerke im platten Land.

Mir gegenüber sitzt eine Frau, die in eine gebutterte Brezel beißt und genüßlich kaut. Ich sehe es an ihrem Gesicht, sehe es an dem behaglich rhythmischen Mahlen der Kiefer. Sie kaut wie eine Kuh, denke ich, als wiederkäue sie, statt zu essen. Es schmeckt ihr, der Kuh. Es schmeckt ihr wunderbar. Dabei ist sie sowieso schon so fett. Warum ißt sie überhaupt? Und dann noch was Gutes. Warum hat sie denn keine eklige Rosinenschnecke? Was hat sie überhaupt für ein obszönes Gesicht. Obszön ist ihr Gesicht, so gut schmeckt es ihr.

Ich versuche, mir den Laugengeschmack auf die Zunge zu holen. Was gar nicht so einfach ist. Ziemlich unmöglich, ehrlich gesagt. Haben Sie schon mal eine Rosinenschnecke gegessen und versucht, eine Brezel zu schmecken? Ein Unding ist das. Und ich bin an sich nicht phantasielos. Habe mir schon Männer schön geliebt und Kinder lieb gedacht, habe mir Arbeit interessant geredet. Ich kann das. Man muß das können, weil das Leben doch sonst nicht auszuhalten wäre. Was meinen Sie, warum ich schreibe. Damit ich erlebe, was ich erleben will. Im Kopf jedenfalls.

Jetzt erlebe ich was im Magen.

Ich beiße nun schon zum dritten Mal in meine Schnecke. Ich will den Genuß, will ihn erzwingen, was natürlich nicht klappt. Auch der dritte Biß erweist sich als Fehlbiß. Ich versuche, den Eierblupp hinunterzuwürgen wie einen Knödel, der aus der Tüte kommt und hart, fad und bleich vor mir auf dem Teller liegt und gegessen werden will, gegessen werden muß, weil Tante Lonnie vorgibt, ihn selbst gemacht zu haben. Extra für mich. Den Kloß habe ich unzerkaut zu verschlucken versucht. Mit viel Rotkraut, das allerdings auch aus der Dose kam.

Bloß nicht kauen, sage ich mir, die Rosinenschnecke im Mund. Andere Geschmacksverhinderungsmaßnahmen fallen mir nicht ein. Bloß nicht kauen. Aber warum dann essen? Wie reagiert der Magen auf ungekautes Essen? Hat der Magen Geschmack? Läßt er sich vom Schund und

Kitsch aus dem Nahrungsmittelbereich so befrieden wie mit Köstlichkeiten? Doch selbst solch hochintellektuelle, theoretische Erörterungen helfen mir nicht beim Rosinenschneckenverzehr.

Ich gebe auf. Schiebe das mißratene Stück zurück in die Tüte und die Tüte in den Blechkasten für den kleinen Abfall am Platz. Ich trinke Wasser, trinke die Flasche auf einmal aus. Und lutsche noch schnell einen Kräuterbonbon, damit der üble Nachgeschmack ausbleibt. Was er nicht tut. Geschmackserinnerungen können hartnäckig sein. In Hannover wird mir übel.

Man müßte etwas Gutes hinterheressen. Etwas Akzeptables. Ich bestelle ein Sandwich. Mit Käse. Und werde Ihnen jetzt ersparen zu sagen, wie es war, sonst werden Sie auch noch so schlecht gelaunt, wie ich es blieb an dem Tag, bis ich nach Hause kam, in die Küche stürzte und zwei herrliche Honigbrötchen verschlang. Heißhungrig.

Sitten beim Essen und Pekinesen am Tisch

Karl Friedrich von Rumohr kannte sich nicht nur in der ordentlichen Küche, sondern auch im ordnungsgemäßen Benehmen aus: »Schlürfe die Speise, etwa die Suppe, nicht hinein, wie ein Schwein; blase die Kost auch nicht, daß es allenthalben umherspritze. Schnaube nicht wie ein Igel.«

Er verlangte eine »wohlanständige Haltung des Leibes« bei Tisch und hätte vermutlich Julius Schreber geschätzt, der nicht nur den Kleingarten, sondern auch grauslige Gurte und Schlingen erfand, um Kinder, die sich seiner Ansicht nach zu lebhaft gebärdeten, beim Essen so an Stuhlsitz und Lehne zu binden, daß der Rücken sich beim Essen nicht krümmen, der Kopf sich nicht wenden konnte.

Über Leibeshaltungen läßt sich streiten und über Eß- und Tischsitten auch.

Wie Rumohr sich wohl am Tisch meiner Großtante gefühlt hätte? Einem edlen Tisch. Aus feinstem polierten Mahagoni. An dem wir auf seidenbezogenen Stühlen saßen. Der Onkel, die Tante, die kinderlos waren, und ich, wenn ich zu Besuch bei ihnen im Hessischen war. Der Speisesaal war holzgetäfelt. Und groß. Sehr groß. An den Flügelfenstern, die hinausgingen in den Park, hingen schwere Vorhänge aus hellgrünem Damast. Man blickte auf mächtige, alte Bäume und auf einen Teich, auf dem Schwäne schwammen.

Das Essen wurde von Martha gekocht, von Maria ins Speisezimmer getragen und von Fritz, dem Diener, in weißer Jacke und weißen Handschuhen serviert. Der Tante, dem Onkel und mir. Und den beiden Pekinesen, die mit uns am Tisch saßen. Auf seidenbezogenen Stühlen wie wir. Auch ihnen wurde von Fritz ihre Mahlzeit gereicht.

Das Essen war vorzüglich, wenn ich mich recht erinnere. Und die Etikette streng. Als ich einmal zu sagen wagte, ich sei voll und mir demonstrativ mit beiden Pummelhänden über den Bauch strich dabei, statt in zierlichen Worten ein Auflegen weiterer Speisen dankend abzulehnen, wurde ich ernst von der Tante gerügt. Sie verlangte Tadellosigkeit. Jedenfalls von mir und von den Pekinesen, die ihre Portionen aus Schüsselchen aus feinstem Porzellan auffraßen, oder sollte ich besser sagen aufzüngelten. Der Nachtisch wurde ihnen auf kleinen silbernen Tellern serviert. Aus dem Spritzbeutel gedrückte geschlagene Sahne zum Beispiel wurde von den Hunden – die Hündchen zu nennen angemessener wäre – possierlich und appetitlich aufgeschleckt. Possierlicher allemal, als der Onkel es tat, der schmatzte. Wie überhaupt – das nur nebenbei und grob verallgemeinernd gesagt – reiche Leute oft erstaunlich schlechte Manieren haben. Als hielten sie es nicht mehr für nötig, sich in den Sittenkodex des allgemeinen Anstands zu fügen. Und haben doch sicher auch einmal gelernt, sich ordentlich zu benehmen, ansehnlich zu essen.

Ellenbogen vom Tisch! So gellt es schließlich seit Generationen an deutschen Eßtischen. Meist abends, wenn der Herr und Gebieter der Sitten, sprich: der Vater, zu Hause ist. In manchen Häusern versuchte man es mit Ironie, die böser war als das gegellte Gebot: So viel ist in deinem Kopf nicht drin, mein Kind, als daß du die Hand brauchtest, ihn zu stützen.

Ich würde ohnehin viel lieber beim Essen liegen, wie die alten Griechen es taten und später die Römer, mit ausgestrecktem Leib auf der Chaiselongue ruhen, statt mit eingeklemmtem Bauch und schwer werdenden Armen und Beinen zu Tisch zu sitzen. Man äße gewiß langsamer, behaglicher, gesünder. Aber ich bin nicht bei den alten Griechen aufgewachsen und auch nicht in Rom, sondern in Hamburg.

Mit sauberen Fingernägeln und auch sonst rein und adrett hatte man pünktlich zum Essen zu erscheinen. Immer gekämmt und nie ohne Schuhe. Es wurde erwartet, daß man mit Messer, Gabel und Löffel zu hantieren verstand und ungebührliche Geräusche unterdrückte.

Dabei galt es einst als höflich, am Ende eines reichlichen Mahles zu rülpsen, und bei den Franzosen zum Beispiel galt es als fein, mit offenem Mund zu kauen.

Lange hat man mit den Fingern gegessen und mit den Fingern das Essen genossen. Die Konsistenz von Reis und Fleisch und Gemüse befühlt und das Essen geprüft. Hat Gräten im Fisch gefunden, die die Gabel nie aufspüren würde, hat Knöchelchen erfingert und fortgeworfen, bevor sie sich querlegen konnten im Hals. Die Haut ist unser vielleicht empfindsamstes Organ mit 5 000 Sinneskörpern pro Quadratzentimeter, und die Fingerkuppen gehören zusammen mit Lippen und Zunge zu den Körperteilen mit der feinsten Auflösung des Tastsinns. Nicht umsonst sprechen wir von Fingerspitzengefühl, wenn's delikat wird und es wichtig ist, sensibel zu reagieren.

Doch dann kam das Messer, als Feuersteinscherbe oder als Faustschneider zunächst, schließlich als Mannsmesser mit Schalen von Hirschhorn und eisernen bayerischen

Hauben beschlagen und als geblümtes Frauenmesser – und es kam der Löffel, den es bereits im Alterum gab, doch wurde er häufig durch ein ausgehöhltes Stück Brot ersetzt. In Ägypten zum Beispiel war der Löffel weniger Eßgerät als Parfümlöffel und diente zum Streuen von wohlriechenden Kräutern oder Pulvern auf die Räucherpfanne (zitiert aus dem ›Kleinen Buch der Bestecke‹ von Alma Helfrich-Dörner).

Als die Gabel in Mode kam, galt sie lange als weibisch und lächerlich, weil ein richtiger Mann mit der bloßen Hand aß. Es hat lange gedauert, bis die Werkzeuge, die wir heute Besteck nennen, allgemeines Speisegerät in Europa wurden.

Man aß aus der Hand und wollte es nicht anders. Und dann wurde es verboten. Wurde abgeschafft. Galt auf einmal als barbarisch. Weil beschmierte Finger, die von säubernden Zungen beleckt wurden, unanständig waren? Weil mit Messern und Gabeln zu essen die Lust anständig machte? Irgendwie verfremdet? Weil das Essen so weniger triebhaft anmutete? Wurde deshalb kaltes Metall zwischen Speise und Mund eingeführt? Um sinnliche Begierden, ja körperliche Bedürfnisse überhaupt zu bezwingen? Sich abzugrenzen, sich abzuheben von Tier und gemeinem Volk? Denn immer war es die höfische Etikette, die den Ton angab, dem die Bürger nachzueifern sich bemühten.

»Meist handeln wir so«, schreibt Claude Lévi-Strauss, »als wollten wir eine Unordnung und eine Gewalt inneren Ursprungs disziplinieren.«

Auch Norbert Elias sieht Tischsitten und die »Zivilisierung des Essens«, sieht vorgeschriebenes Verhalten beim Einnehmen von Speisen als »eine Wandlung des Trieb-

und Affekthaushalts«, als vorrückende »Peinlichkeitsschwelle« und den Versuch, körperliche Äußerungen aus der Öffentlichkeit zu verbannen.

Der Philosoph Hans Dieter Bahr meint sogar, daß »die ästhetische Erziehung darauf zielte, jede Spur von Bedürftigkeit, Angewiesenheit und Sterblichkeit aus dem öffentlichen Erscheinungsbild des Hofes zu verbannen, um die weltliche Stellvertreterschaft des Gottesstaates zu repräsentieren. (...) Die höfische Mahlzeit sollte so wenig wie das Abendmahl überhaupt an Essen und Trinken erinnern.«

König Ludwig der XIV. soll bei offiziellen Diners sogar verlangt haben, daß man mit Handschuhen aß. Um sicherzugehen, daß nicht ein Finger in die Sauce fuhr und eine Zunge an den Finger. Die Handschuhe mußten aus Saffianleder sein oder aus Seide. Zu teuer also, um mit ihnen Fleischstückchen vom Hühnerschenkel zu reißen oder Kartoffelbrei aufzuschlecken.

Und so mühen wir uns seither ab mit dem steifen Gerät. Und nennen es zivilisiert. Einmal habe ich fünf Menschen aus einem großen Blechteller essen sehen. Mit den Händen. Und es ging höchst manierlich zu. Sah ganz appetitlich aus. Selbst für meine westlichen Augen.

Wir dagegen gabeln uns durchs Essen mit angeblichem Anstand und gewiß weniger Vergnügen. Fahren nur hin und wieder heimlich mit dem Finger in die Sauce, um sie aufzulecken. Greifen lustvoll zum Hühnerbein – das womöglich umwickelt ist von einer ordentlich gefältelten Papierrosette –, nehmen Apfel und Spargel in die Hand – was auch schon nicht mehr als anständig gilt. Es gibt Leute, die essen selbst Kuchen, sobald er ein wenig schmaddert und suppt, mit der Gabel. Käsestückchen werden mit Zahnstochern aufgespießt, kleine Bulettchen ebenso.

Vielleicht hat der Siegeszug von McDonald's und Konsorten auch mit der heimlichen Lust am fingrigen und handlichen Essen zu tun. Endlich tropft was, rinnt am Kinn herab, schlüpft aus dem pappigen Brötchen. Endlich sind Leib und Speise sich wieder nah.

Übers Essen muß man sprechen

Man saß bei Tisch und aß, was es gab. Es wurde weder genörgelt noch genossen. Übers Essen sprach man nicht. Es wurde aufgegessen. Mit adretten Manieren. Essen war Nahrungsaufnahme, war rituelle Familienzusammenkunft und keineswegs ein Fest für die Sinne. Das nun wirklich nicht. Wo kämen wir da hin, wenn alle Welt tafelte und darüber die Mühsal vergäße, mit der das Brot zu essen uns die Bibel schließlich aufgegeben hat.

Gerade sitzen, Kopf nicht stützen, Hände falten, Schnabel halten. An vielen deutschen Tischen durften die Kinder beim Essen nicht reden. Und da die Eltern sich nichts zu sagen hatten, aß man halt stumm. Man spricht nicht beim Essen – und übers Essen schon gar nicht.

Heute spricht der Fernsehapparat während des Essens. Und die Menschen sitzen stumm vor ihren Tellern, von denen sie mikrowellengewärmte Fertignudeln aufgabeln. Beim Essen muß man nicht mehr reden, und übers Essen zu reden wäre die Mühe nicht wert. Warum sollte man Worte wählen und Sätze bilden über Magenfüllungen, die geschmacklos sind.

Im alten China übrigens galt als gebildet, wer sich über Literatur, Malerei und Kochkunst zu unterhalten verstand.

»Es duftet«, ruft meine Freundin ins Telefon, mit der ich beruflich zu reden habe, es dufte nach Kaninchen in Rosmarin und als Vorspeise, sagt sie, als Vorspeise gebe es eine Lauchcremesuppe, in die sie ein wenig von der grünen Sauce vom Abend zuvor hineingerührt habe. Es ist so unglaublich gut. Sie jubiliert und umreißt dann in wenigen und sehr präzisen Worten, wie sie sich das Symposium vorstellt, das wir gemeinsam bestreiten sollen.

Darin sind Frauen unübertrefflich. Sie reden über Politik, Männer, Klamotten, Symposien und Rezepte nicht in einem Atemzug, aber doch während ein- und desselben Gesprächs. Denn sie wissen längst: Übers Essen zu reden lenkt nicht ab von dem Thema, über das man eigentlich zu sprechen hat. Im Gegenteil: Übers Essen zu reden befreit den Kopf und schmeichelt den Nerven. Es entspannt. Weckt die Phantasie und läßt sie wandern. Auch dorthin, wo es nicht ums Schmausen geht.

Übers Essen spricht man nicht? Übers Essen muß man sprechen. Dann zum Beispiel, wenn man gerade schlecht gegessen hat. Wie ich gestern abend. Da war ich eingeladen. Und es gab Fischpastete aus dem Kaufhaus mit ein paar lappigen Blättern Salat, eine Gans, die man wohl vergessen hatte anzustechen und deren Fett nicht abgelaufen war, dazu Kartoffeln, die erst gekocht und dann gebraten worden waren, aber das offensichtlich am Tag zuvor, denn nun saß die geröstete, weich gewordene und wieder aufgewärmte Haut um die Kartoffeln wie eine gummierte Hülle. Erlassen Sie mir die Beschreibungen des Rests. Nachdem die Magentortur überstanden und endlich der Kaffee serviert wurde, der zu meiner freudigen Überraschung würzig und gut war, fanden sich zwei Esser zusammen und tauschten Gerichte aus. Mit glühenden Augen beschrieben sie, was sie sich am Abend zuvor im Wok bereitet hatten.

»Ich koche das Gemüse immer ein bißchen vor«, sagte der Mann.

»Unsinn«, rief die Frau, die neben ihm saß, »ich habe doch kaum auf die Uhr geschaut und schon sind die Zwiebelchen gar in dem Wok.«

Er wiegte bedenklich den Kopf. Erzählte von einem neuen nasenbetörenden Steinpilzpulver, das er gerade entdeckt hatte. Rieb sich die Fingerkuppen, während er sprach, und beschnupperte sie, als hingen vielleicht doch noch ein paar Stäubchen des beglückenden Geruches in den Poren.

Sie nahm Trüffelöl zu Spargelspitzen und Kalbfleisch, er fand Kalb und Spargel eine ganz und gar tranige Kombination. Da helfe selbst das teure Öl nicht weiter. »Rosenblättergelee«, stöhnte auf einmal der Mann, »haben Sie schon mal Rosenblättergelee gemacht und zusammen mit Morcheln in Wachteln gefüllt?«

»Sie brauchen einen Psychiater«, rief die Frau. »Rosenblättergelee! Daran kocht man doch Stunden.« Er nickte ergeben und grinste beglückt. »Das waren noch Zeiten«, sagte er.

»Ich hab's nicht gern, wenn es überkandidelt wird«, erklärte sie nun. »Solide und exzellent muß Essen für mich sein.«

Der Mann lachte. »Sie reden wie eine Köchin nach dem Geschmack von Franz von Rumohr«, rief er, »der haßte Kochbücher, in denen er ›Winkelinstitute der Schlemmerei‹ vermutete, mit allerlei Vermischungen, Surrogaten und Verkleidungen, und in denen nur wenig die Rede sei von dem, was jede gute Hausmutter eigentlich zu wissen bedürfe. Überall argwöhnte Rumohr ›Apicische Verderbtheit‹.«

Verlassen wir das Gespräch und bleiben kurz bei Apicius, der ein berühmter römischer Koch war, im ersten Jahrhundert nach Christus lebte und eines der ältesten überlieferten Kochbücher verfaßt hat (das man heute in einer zweisprachigen Reclam-Ausgabe – Latein und Deutsch – studieren kann). Apicius liebte offenbar das verschwenderische Leben und Essen. Er sei – so jedenfalls sagt es Plinius – »von Geburt an zu jeder Prasserei befähigt« gewesen. Eine der »genialen« Ideen des Römers war es zum Beispiel, Schweine mit getrockneten Feigen zu mästen und ihnen kurz vor dem Schlachten Mulsum (Honigwein) zum Trinken zu geben, damit man so eine besonders leckere Leber erhalte.

Der karge Rumohr benörgelte also den prallen Apicius und wurde doch selbst von Caroline v. Schlegel mit puritanischem Zungenschlag abgekanzelt: »Es ist abscheulich«, schrieb sie, »einen Menschen über einen Seekrebs so innig reden zu hören wie über einen kleinen Jesus.«

Und da hat sie recht. Dann hat der Mann falsch über den Seekrebs geredet. Als sei er heilig und irgendwie unberührbar. Nicht zum Genuß aufgetischt, sondern zur Andacht. Dann hat er voller Respekt und nicht voller Hingabe von dem Seekrebs geredet. Mehr ehrfürchtig als erotisch. Hat sich nicht die Lippen geleckt und den Geschmack nach- oder vorgeschmatzt, hat nicht mit den Füßen unter dem Tisch getrippelt und keine fahrigen Finger durch die Luft tanzen lassen. Hat nicht verzweifelt reichlichen Speichel geschluckt und sich einsam gefühlt mit leerem Schlund und leerem Magen, weil weit und breit kein Seekrebs vorhanden war, über den er doch gerade berichtete. Übers Essen zu reden wie über einen kleinen Jesus, wäre in der Tat verwerflich.

Wenn meine Tochter von Kindergesellschaften nach Hause kam, hat sie mir nie erzählt, was dort gespielt wurde, sondern nur, was es zu essen gab. Hat Hotdogs, Marshmallows, Smarties, Eiskrem und natürlich den Geburtstagskuchen eingehend beschrieben.

Ich würde gern und ausführlich über Negerküsse reden. Über die Konsistenz von Schaum und Schokolade, über die Bißfestigkeit der Hülle und die schmelzende Nachgiebigkeit der Füllung. Wenn ich denn jemanden fände, der mit mir darüber reden würde oder auch nur bereit wäre, mir zuzuhören!

Aber ich bin es auch zufrieden, mit Freunden über so wichtige Fragen zu diskutieren, ob grüne Bohnen zu Seezunge passen oder nicht.

Um Himmels willen, ruft dann gewiß jemand aus, viel zu widerständig im Biß, zum sanften Fisch nur Spinat oder Mangold.

Passen roher Knoblauch und rohe Zwiebeln im grünen Salat zusammen oder sind beide zu nasenbestürmend im Duft, um gemeinsam verwendet zu werden?

Lange haben wir kürzlich über die Frage philosophiert, ob vierkörniges Schwarzbrot zu einem linden Julimorgen paßt oder sich ein Croissant, ein duftiges Weißbrot nicht viel angenehmer fügten in den angehenden Tag. Das sind wichtige Fragen. Viel zu selten bedacht und beredet. Es sind Fragen, die einem den Sinn des Lebens erschließen können – oder den Unsinn, was letztlich auf dasselbe hinausläuft. Aber die Fragen müssen gestellt, die Antworten müssen gesucht werden.

Jedes Essen bannt den Tod. Belebt die Sinne. Wie kann man einer so wichtigen Tätigkeit mit so viel Nachlässigkeit begegnen.

»Obwohl Essen, Sexualität und Sterblichkeit die drei wesentlichen Gegebenheiten des menschlichen Lebens sind«, schreibt der Anthropologe Michael Coe, »haben frühere Generationen von Wissenschaftlern diese Themen im allgemeinen gering geachtet oder gemieden.«

Und so machen wir Esser es auch. Reden über Rezepte, aber nicht oder nur zaghaft über deren Placierung im Zyklus des Jahres.

Kann man denn wirklich an einem verregneten Tag im Oktober Kiwitörtchen essen? Die nach Sommer schmecken und nach Reife, nach Vergänglichkeit. Sollte man nicht an einem verregneten Tag im Oktober lieber Trost und nicht Endlichkeitsvergewisserungen speisen? Nußkuchen zum Beispiel, der nach heimeliger Backstube schmeckt, nach Geborgenheit, nach einer Großmutter, die mit kräftigen Fingern den Teig durchwalkt.

Zum Herbstnebel passen karamelisierte Baisers. Und an kalten Wintertagen esse ich am liebsten Schokoladenkuchen. Ohne Schlagsahne. Die erst im Frühling. Schlagsahne im Winter löst Widerwillen in mir aus. Sie ist zu leicht, zu leichtfertig für die Saison, zergeht auf der Zunge wie nichts und bleibt oberflächlich im Geschmack. Im Winter will ich mich warmessen. Will kräftig zubeißen und kauen. Will Kompaktes, Festes, Körniges, Krustiges. Unsinn, widerspricht mir ein Freund, welch biederes, welch mechanistisches Denken; bei Schnee und Eis muß man essen, was man liebt, was einen beglückt, was einem die Sinne wärmt und nicht die Muskeln.

Und dann streiten wir uns.

Ich liebe es, übers Essen zu reden, möchte es aber auf keinen Fall mit jenen Freizeitköchen tun, die das Brutzeln und Schmecken mit pedantischer Gründlichkeit angehen und nicht mit sinnlichem Entzücken, die mit buchhalterischem Ehrgeiz und grammgenauer Akkuratesse über vergangene und zukünftige Mahle berichten, die ihre artig angelernten Kenntnisse ausbreiten, ohne vom gastrischen Feuer beflügelt zu sein. Die nicht seufzen und ächzen, sondern dozieren. Die nichts als Untertanen sind der modisch diktierten Eßlust. Da bleibt mein sonst so vergnügter Geschmackssinn taub, die Freude stumm und das Gefühl so trocken wie der Mund.

Es sind die selbsternannten Feinschmeckler und Feinköchler, die Feinzüngler, die so großsprecherisch palavern von Kalbsbriesröschen mit Gänseleber und Trüffeln im Strudelteig gebacken an Trüffelbuttersauce, wie unsereins mit einfachen Worten redet von Spaghetti mit Tomatensauce und frischer Minze, es sind diese Leute mit den heftigen Worten, die von abgeschabten Zungen springen, denen man auf keinen Fall zuhören möchte, wenn sie übers Essen reden. Weil in ihren Leibern nichts glüht. Und aus ihren Worten keine Töne aufsteigen, keine Farben und keine Leidenschaft. Weil sie Staubmägen haben. In die sie ihr Wissen füllen und es ablegen darin wie sonst Notizen in Aktenordnern. Trockenbäuchige Adepten eines allgemeinen Trends. Bar jeder körperlichen Begehrlichkeit. Außer der herbeigeredeten, der vorgetäuschten. Fernab vom Eros des Essens und der schwebenden Heiterkeit des Genusses.

»Wir wissen«, schreibt Brillat-Savarin, »das beste Kennzeichen dessen, der ohne Recht den Ehrentitel eines Feinschmeckers prätendiert, ist völlige Leerheit des Blickes und Unbelebtheit der Züge am Busen einer edlen Schüssel. Diese Leute sind unwürdig solcher Schätze, deren Wert sie nicht verstehen.«

Mit anderen essen

Keine Leiche ohne Schmaus, keine Hochzeit ohne Mahl, keine Taufe ohne Essen, kein Sonntag ohne Braten. Wo man feiert oder trauert, tafelt man auch – und das zusammen mit anderen. Gemeinsame Festessen als Lust und Trost und als Vergewisserung der eigenen Person im Geflecht der Welt.

Ich bin gern zum Essen eingeladen. Setze mich voller Vorfreude an den fremden Tisch, weil ich keine Verantwortung habe für das, was auf die Teller kommen soll, keine fliegende Unruhe, ob der Reis verklebt, das Fleisch zu durch, die Sauce geronnen, der Nachtisch flüssig geblieben ist.

Ich hoffe natürlich, daß die Gastgeber nicht zu denen gehören, die einem die Spargel auf den Teller zählen, und daß es mir schmecken wird am fremden Tisch und mich keiner beim Schmecken stört, daß Gleichgesinnte dort versammelt sind und inniglich und hingebungsvoll schweigen bei dem Kaninchenbraten in Essigsauce, ohne diesem törichten Gefühl nachzugeben, das Tischgespräch mit höflichen Floskeln in Gang halten zu müssen.

Schon wenn ich in die Haustür derer komme, die mich eingeladen haben, öffne ich erwartungsvoll beide Nasenflügel und bin zutiefst enttäuscht, wenn ich nichts zu riechen bekomme. Diese Manie, die ich selber nur allzu gut kenne und viel zu lang hatte, daß Essensgerüche allein in die Küche gehören und keinesfalls in die Wohnung, muß entweder in Häusern entstanden sein, in denen schlecht gekocht wurde, oder bei Menschen, die so fein waren, daß man zwar auch bei ihnen aß, aber auf keinen Fall riechen durfte, woher das Essen kam, das irgendwo unten im Souterrain hergestellt wurde, von den Leuten downstairs, die sich die Finger wund schnitten, damit die Petersilie auch feinstgehackt upstairs auf den Tisch und die kostbaren Porzellanteller kam. Die Sinnenfreude der guten Düfte, diese köstliche Betörung der Riechköpfchen, blieb irgendwo auf der Treppe zwischen unten und oben hängen. Und wahrscheinlich ahnten die Herrschaften in den schweren Fauteuils im Salon nicht einmal, was ihnen dabei entging.

Das Vorspiel zum Essen. Die Vor-Lust, banal auch Appetit genannt, die von der Nase ins Hirn schwebt und von dort in den Magen,wo sie ein leichtes inneres Flattern auslöst, das man im Bauch spürt und in der Brust – einige behaupten sogar, es fiele ihnen in die Füße. Die Vor-Lust aufs Essen, die nackt und bloß auf der Zunge tanzt, zitternd auf den Lippen liegt, und die kein bißchen weniger erotisch ist als die Lust auf einen Mann oder eine Frau, auf Haut und Zärtlichkeit.

Ich liebe Gerüche, die diesen Zustand des Begehrens auslösen in mir und den Moment ahnen lassen, der mir hoffentlich vergönnt sein wird.

Komme ich daher in eine Wohnung, in der nichts riecht außer dem Parfum der Gastgeberin, wird mir ein Teil des Vergnügens vorenthalten, ja, dann werde ich, wenn denn stimmt, daß die Vorfreude die schönste Freude sei, gründlich, wenn auch nicht gänzlich betrogen.

Betrogen fühlte ich mich auch, als ich einmal in einer prächtigen Wohnung an der Fifth Avenue in New York zu Gast war. Altmodisch, gepflegt und unprätentiös war die

Einrichtung. Bequeme Polsterstühle, große Sofas, solide Tische. Nippes und Kunst aus aller Herren Länder. Krüge, Leuchter, Vasen, Döschen aus Silber, Perlmutt, Elfenbein und Leder. Ein wunderbarer Sandsteinkopf aus Kambodscha. Kostbare Bilder aus China und Thailand neben europäischen Landschaften aus dem 19. Jahrhundert. Die Maler kannte ich nicht. Aber sie waren bedeutend, wie mir ein Mitgast zuflüsterte.

Ich vermutete Koch und Butler in der Küche, auch wenn die Gastgeberin den Wein selber einschenkte. Schließlich bat sie zu Tisch. Wir kamen in ein großes Eßzimmer mit dunkelgrünen Seidentapeten, einem englischen Tisch aus Kirschholz und einem passenden Sideboard, das als Anrichte diente. Darüber hing ein sehr großes, angestrahltes Porträt der Gastgeberin aus jüngeren Tagen. »Herrlich«, rief ich und meinte das Bild.

»Danke«, lächelte die Dame. »Ich kann leider überhaupt nicht kochen und finde es auch schrecklich unwichtig zu essen. Schließlich sind wir hier, um zu reden, nicht wahr.« Und hielt mir einen Teller entgegen. Erst jetzt sah ich das Malheur. Auf der Anrichte standen acht Teller. Auf jedem ein halbes Hähnchen und ein Häufchen Salat. Fassungslos starrte ich auf die kulinarische Mickrigkeit, die die Dame mir entgegenhielt. Nahm den Teller, versuchte ein Lächeln, das gewiß entgleiste und sich in dem gerüschten Kragen meiner Bluse verfing (die ich mir extra geliehen hatte für den so herbeigefreuten Abend), und begab mich an den teuren Tisch. »Es gibt noch gebackene Kartoffeln«, rief die Gastgeberin und verschwand durch eine Tapetentür. Sie kam mit leeren Händen zurück. Und lachte. Sie hatte vergessen, den Ofen anzustellen. Das Hähnchen war halb kalt, der Salat in der Fertigsauce ertrunken. Es gab reichlich kalifornischen Weißwein.

Wie anders das römische Gastmahl, zu dem Apuleius einst geladen war: »Das Mahl war herrlich. Die Tischbetten glänzten von Elfenbein und waren mit goldnen Decken überhangen. Die Pokale groß, von mancherlei schönen Formen, doch von gleicher Kostbarkeit. Hier prangte künstlich geschliffenes Glas, dort helles Kristall. Anderwärts schimmerte blankes Silber oder glühte das feinste Gold. Auch Bernstein, zu den schönsten Gefäßen ausgehöhlt, lud den Mund zu trinken ein. Kurz alles, was nur Reichtum und die seltenste Kunst vermag, war allhier anzutreffen.«

Einmal waren mein Mann und ich bei einem Paar zum Essen eingeladen, das keine Kinder hatte, dafür mehrere Häuser und in jedem Haus eine perfekte Küche. Mit allen Schikanen und Geräten und Herdcomputern ausgestattet, die es so gibt für den feinen Koch. Sie war Juristin, er Wirtschaftswissenschaftler, trockene Leute, die aber angeblich gut kochen sollten. Jedenfalls behaupteten sie, daß es ihr Hobby sei.

Wir kamen ins Haus und es roch nach nichts. Im Garten dufteten Rosen. Wir tranken Champagner. Die Lieblingsmarke des Hausherrn. Aus einer kleinen Kellerei in der Provence, die außer ihm niemand kannte. Der Eiskübel war weiß. War ein weißer Hut. Ein Zylinder. »Sie sind ja ein echter Zauberer«, sagte ich zum Hausherrn. Der daraufhin gluckste. Aber der Champagner schmeckte. Wir bewunderten die Bläue des Schwimmbads. Dann gab es eine Hausbesichtigung. Bis zum Schrank von Oma drangen wir vor, der im Keller stand, und besahen die alten Kristallkaraffen in ihm.

Die kommen aus meiner Familie, rief die Herrin des Hauses, die sich kurzfristig zu uns gesellt hatte, weil sie gerade mal abkömmlich war am Herd, wie sie sagte, abkömmlich. Ein ziemlich ungenießbares Wort, fand ich, und da ich ja, wie gesagt, der Meinung bin, daß echte Feinschmecker auch ihre Worte schmecken sollten, schlich sich ein leichtes Mißtrauen gegen die Kochkunst der abkömmlichen Dame in mich hinein. Aber ich verweigerte ihm Unterschlupf. Warf es hinaus. Wollte mich freuen auf das Essen.

Die Gastgeberin war für den Hauptgang verantwortlich. Er hatte die Vorspeise gemacht und den Nachtisch kreiert. Der auch im Keller stand. In der Nähe von Omas Schrank. Einen Keller weiter, genauer gesagt. Dem Kühlkeller. Wir mußten hinein und andächtig stehenbleiben vor dem blaubeerfarbenen Mus. Brombeeren, erklärte der Gastgeber, habe er geschält, rasiert sozusagen, und die Haut mit Mascarpone, Sahne und Eischnee vermischt. Serviert werde das Ganze auf den nackten Früchten – auf nackten Früchtchen, sagte er und kicherte anzüglich, wie es verklemmte Leute immer tun, wenn sie glauben, kühn und gekonnt zugleich geschweinigelt zu haben, serviert werde das Mus also auf den Früchten, wir würden schon sehen, eine Delikatesse, sagte er. »Helene«, rief er nach oben zu seiner Frau, die wohl wieder unabkömmlich war in der Küche, »Helene, sollen wir zum Nachtisch die Teller aus dem von Flotowschen Erbe nehmen? Helenes Großmutter war eine geborene von Flotow«, sagte er erläuternd zu uns. Mein

Mann und ich bemühten uns, einander nicht anzusehen, und stiegen dankbar wieder nach oben, wo es warm war, und die Rosen im Garten dufteten, und in der Flasche Champagner war auch noch ein Restchen, den der Gastgeber uns großzügig eingoß. Einen Schluck für jeden von uns. Keinen für ihn. »Entschuldigen Sie«, rief er, und wir freuten uns auf eine zweite Flasche, weil wir das Gefühl bekamen, das belebende Getränk gut gebrauchen zu können.

Doch der Herr verschwand und kam nicht wieder. Man hörte das Paar in der Küche streiten. Allerdings verstanden wir kein Wort, weil der Abzug mächtig düste. Noch immer kein Essenshauch, der uns in die Nase wehte.

Wir setzten uns auf eine kleine Bank im Garten, weil uns die Stahlmöbel im Wohnzimmer zu designerhaft ungemütlich waren, und hofften wider jede Vernunft auf einen zumindest kulinarisch angenehmen Abend.

Endlich wurden wir hineingerufen. Es geht los, rief der Hausherr, als sei er der Weihnachtsmann persönlich und habe gerade die Kerzen am Baum angesteckt. Wir waren nun schon ganz gespannt auf unsere Geschenke.

Wir setzten uns an einen rotlackierten wellenförmig dahinfließenden Tisch, eines dieser postmodernen Monstren der allgegenwärtigen Art. Die Stühle waren heiter gebogen und aus Stahl. Ohne Lehne. Aber dafür knatschblau und gelb bestrichelt. Lustig, nannte der Hausherr seinen eigenen Geschmack. Die Flügeltüren des Eßzimmers waren zur Küche hin geöffnet. Rechts konnte man durch ein französisches Fenster zum Schwimmbad gehen. Auf das man vom Eßtisch aus blickte und in dem viele elektrische Lämpchen angingen, als die Dämmerung auf den

Garten herabsank. Da leuchteten auch des Gastgebers Augen. »Siehst du«, sagte er zu seiner Frau, »es klappt.«

Aber noch ist es hell. Und wir stehen vor dem Tisch, an den wir uns nun setzen sollen. Weiße Teller, weiße Servietten, Stahlbesteck. Geschliffene Gläser. In der Mitte des Tisches eine weiße Marmorschüssel. Darin ein gemischter Salat und ein silbernes Salatbesteck, das ganz so aussah, als stamme es auch aus dem von Flotowschen Besitz. Fast hätte ich gefragt.

Wir bekamen unsere Plätze. Mein Mann und ich durften in die Küche sehen, die auch aus Stahl war, wie Möbel, Besteck und irgendwie auch die Stimmung. Aber es war alles ganz blank. Die Abzugshaube summte dumpf. Die schnüffelnde Nase ahnte inzwischen Gebratenes. Wir saßen vor unseren Tellern. Wortlos. Weil der Gastgeber gerade anhub, den Salat zu erklären. Eichblatt, Radicchio, geröstete Pinienkerne und ein wenig Rucola, sagte er, den wir heute frisch auf dem Biomarkt in M. geholt haben. Das Öl stammte aus der Toskana, und der Essig kam vom selben Hof. Wir waren entsprechend beeindruckt. Er tat uns auf. Legte uns die Blätter auf den Teller, als seien sie eine seltene Kostbarkeit. »Versuchen Sie«, sagte er und griff selber zur stählernen Gabel. Seine Frau schnitt das Weißbrot auf, das von einem Bäcker in F. stamme, erklärte sie, wohin sie heute extra für uns gefahren sei. Es sei das einzige Brot, das wirklich zu diesem Öl passe und zu den – übrigens in demselben Öl – gerösteten Pinienkernen, das habe ihr Mann noch versäumt zu erwähnen. »Und du hast auch nicht gesagt«, wandte sie sich nun mit einem Lächeln an ihn, in dem der liebenswürdigste und entzückendste kleine Vorwurf saß, den sie wohl in sich finden konnte, »du hast auch nicht gesagt, daß die Pinienkerne ebenfalls aus der Toskana sind. Sollten Sie Interesse haben«, jetzt richtete sie ihr freundliches Wort an mich, »sollten Sie Interesse haben«, sagte sie, »bringe ich Ihnen gerne mal ein Päckchen mit.«

Er goß Wasser in unsere Gläser. Wein, sagte er, gebe es bei ihnen nie zum Salat. Er liebe keine Geschmacksverwirrungen. Ich nickte kläglich. Er hatte ja recht. Wein und Essig verhunzen sich gegenseitig. Aber es gab ja das Brot. Und dazu ein kräftiger Schluck Verdino wäre mir schon sehr recht gewesen. Außerdem treffe ich solche Entscheidungen lieber selbst und lasse sie mir nicht von Gastgebern vorschreiben, die sich als diktatorische Feinschmecker aufmandeln.

Wir begannen zu essen. Die Hausfrau fragte, wie es uns gehe, und sie habe uns gar nicht gesehen bei der Vernissage von M. Wir schüttelten bedauernd die Köpfe. Hatten von M. noch nie gehört. Wer ist M.?, fragte mein Mann. »Sie kennen M. nicht«, rief die Dame des Hauses erstaunt, »er ist der meistgekaufte Maler hier in der Stadt. Haben Sie sein großes Werk über unserem Sofa nicht gesehen? Wilhelm«, rief sie, »hast du unseren Gästen M.'s Werk nicht gezeigt?« Und sie begann sich offensichtlich zu fragen, wen sie sich da ins Haus geholt hatte, Leute, die den M. nicht kannten und nicht eingeladen gewesen waren zur Vernissage. »Wissen Sie schon«, fragte sie, »wo Sie über Pfingsten hinfahren werden?«

»Sei doch still, Helene«, unterbrach ihr Mann. »Man kann ja nichts schmecken, wenn du soviel redest.« Was gar keine schlechte Idee gewesen wäre, denn der Hausherr hatte so viel toskanischen Essig in die Schüssel geleert, daß der Mund sich wie gebeizt zusammenzog und der Hals sich weigerte, das saure Zeug zu schlucken. Dem Schlund wurde hier in der Tat einiges zugemutet. Denn zugleich hatte er mit den kräftigen Rucolastengeln zu kämpfen, von denen jede Menge auf jedem Gabelbissen saß und das Essen des Salates zum Trainingskurs für Stengelzerkleinerung werden ließ. Ich sah mich erstaunt um. Es sollte sich doch inzwischen herumgesprochen haben, daß die Stiele des so modisch gewordenen Rucola, die ja nun wirklich mühsam abzupulen sind, dennoch abgepult werden müssen, weil sie sonst kreuz und quer im Mund und im Hals herumliegen und sich weder ordentlich kauen noch ungekaut hinunterschlucken lassen. Wir husteten. Wegen des Essigs und wegen der Stiele. Der Gastgeber hustete nicht. Er aß in stiller Würde. Auch wir sagten nichts. Und lehnten dankend ab, als er uns ein zweites Mal aus der Marmorschüssel auftun wollte. Auch seine Frau winkte lächelnd ab. »Es gibt ja noch mehr«, sagte sie begütigend, als er, ein wenig konsterniert ob der geringen Zusprache, die Schüssel nahm und zum Fenster ging. Vielleicht mögen seine Gladiolen Salat, dachte ich, als er die Fenstertür öffnete und hinaustrat auf eine kleine Terrasse, die vom Schwimmbad durch ein Beet roter Gladiolen getrennt war. Doch dann stellte er die Schüssel irgendwo außerhalb unseres Blickfeldes ab und kam wieder zu uns hinein. Inzwischen war seine Frau aufgestanden, hatte unsere Salatteller zusammengestellt, wobei wir natürlich zuvorkommend halfen, und ging mit den vier Tellern in der Hand nun ebenfalls hinaus in den Garten, um sie dort zu plazieren. Wir begannen, Prinzipielles zu ahnen. Und als sich dieselbe Handlung auch nach dem nächsten Gang wiederholte, wagte ich die Vermutung, daß schmutziges Geschirr in der blanken Küche wohl störe? »Wir sind doch Ästheten«, erwiderte der Hausherr und sah mich an mit einem Blick, in dem die bange Frage saß, wieviel Tumbheit er wohl noch von mir zu erwarten habe.

Jetzt gab es Suppe. Tomatensuppe, wie mein Mann sie haßt. Eingedickt mit Kartoffelmehl. Aber hübsch angerichtet. Mit einem kleinen weißen Sahnefleck auf dem roten Brei und ein wenig gehackter Petersilie darauf. Mit lockerer Hand gestreut. Die Suppe war zu dick geraten. Schmeckte aber nicht schlecht. Ein bißchen fad. Als habe der Koch keine Zwiebeln angebraten, bevor er die Tomaten in den Topf gab.

»Haben Sie die selber gemacht?« fragte mein verzweifelt schluckender Mann voller Bewunderung seinen Geschlechtsgenossen. Der erblühte. »Alles frisch«, sagte er, »die Tomaten haben wir heute auch auf dem Biomarkt gekauft.«

Frau Helene löffelt die Kunst ihres Mannes in einiger Hast aus dem Teller. Weil ihr eigenes Werk auf sie wartet. Ein Vogel, wie wir inzwischen wissen. »Was macht dein Vogel?« hat ihr Mann sie jetzt schon dreimal gefragt und jedesmal gelacht, weil er doch so witzig war. Jetzt steht sie auf, um nach ihrem Vogel zu sehen, ha ha, die Stuhlbeine kreischen auf dem Fliesenfußboden (ach ja, die Fliesen sind aus Spanien, das habe ich ja noch gar nicht erzählt, aus einem winzigen Dorf in Andalusien, wo unsere Gastgeber gern Ferien machen, weil die Leute dort so einfach und so freundlich sind und natürlich auch, weil sie so schöne Fliesen machen), die Stuhlbeine kreischen also auf den handgearbeiteten Keramikplatten. »Filzplättchen müßte man aufnageln«, murmelt mein ohrempfindlicher Mann, und Frau Helene sieht gestreng auf den ihren. »Darum bitte ich dich seit Wochen«, ruft sie. »Das Quietschen ist grausam, und sieh doch nur die Kratzer.« Und sie beleckt sich ihren Zeigefinger, beugt sich hinab zum Boden und beginnt dort liebevoll mit nassem Finger herumzureiben. Nehmen Sie doch ein wenig von der Suppe, rät mein Mann, sie hat doch fast dieselbe Farbe. Als der Gastgeber sich empört erhebt, weil wir inzwischen alles sehr komisch finden und tatsächlich gelacht haben über die Dame auf dem Boden, die mit nassem Finger dort herumreibt, schabt auch sein Stuhl. »Schon wieder ein Kratzer«, ruft Helene, rutscht auf den Knien heran zum Ungemach, das ihr Mann anstellte, und beginnt auch dort mit kreisenden Bewegungen ihren immer neu beleckten Finger über die malträtierten Stellen zu führen.

Endlich holt der Gastgeber eine Flasche Wein. Den er uns langwierig erklärt. Lage, Jahrgang, Kellerei werden benannt. Wogegen ich nichts habe, im Gegenteil, ich liebe es, wenn jemand mit Lust von dem erzählt, was er zu trinken und zu essen anbietet, aber hier wurde sehr unlustig doziert. Da breitete einer seine Kenntnis aus und nicht sein Vergnügen daran. Endlich wurde die Flasche geöffnet. Wir durften kosten. Und mochten, was wir zu trinken bekamen. Das Etikett hatte er bereits abgelöst und uns zum Studieren in die Hand gedrückt. »Das dürfen Sie gern mit nach Hause nehmen«, sagte er.

Helene war inzwischen in der Küche verschwunden. Hatte die Flügeltüren hinter sich geschlossen. Er brachte die Suppenteller auf die Terrasse – in dem uns nun schon vertrauten Prozedere. Wir tranken Wein.

»Das ist ein Wein, den man ganz bewußt trinken muß«, sagte der Gastgeber, als er unsere leeren Gläser sah, und nippte kennerisch an seinem. »Man muß ihn schmecken, nicht hinunterschütten.« »Lassen Sie's mich probieren«, rief mein Mann und hielt sein leeres Glas in die Luft.

»Wilhelm«, rief Helene hinter der Flügeltür. »Kommst du mal?«

»Fliegt dein Vogel dir davon?« Fliesenschabend und kichernd erhob er sich, ohne uns eingeschenkt zu haben. Kaum war er verschwunden, griff mein Mann zur Flasche. Wir tranken ruhig und stetig.

Und dann kam das Essen. Er öffnete die Tür. Sie trug die Platte. Auf der ein schlichtes Huhn lag. Allerdings knusprig gebraten. Mit Geflügelleber, Maronen und Salbei gefüllt, sagte sie. Und holte die Schüssel mit dem Reis und einen Teller mit Karotten, unglasiert, wie ich schon von weitem sah. Die Kostbarkeit und Raffinesse des Huhns, erläuterte sie, liege darin, daß sie es vor dem Braten mit Champagner gespritzt habe. Unter die Haut. Damit das Fleisch saftig bleibe. »Mein Zahnarzt hat mir eine Spritze geschenkt«, sagte sie und lächelte. »Gehen Sie auch zu Dr. F.?«

Wir schüttelten bedauernd die Köpfe. Der Hausherr tranchierte. »Champagnerhuhn«, sagte er, »haben Sie schon einmal Champagnerhuhn gegessen?« Wieder schüttelten wir bedauernd die Köpfe. Und sagten artig, wie sehr wir uns schon auf den Genuß desselben freuten. Champagnerhuhn, murmelte der Hausherr, und endlich begriffen wir, daß er uns mitteilen wollte, wie teuer sei, was wir gleich zu essen bekämen. »Welch eine Verwöhnung«, sagte ich brav.

Das Huhn schmeckte ein wenig müde, die Karotten waren zu weich, der Reis allerdings war nur leicht verklebt. Sauce gab es nicht. Selbst die Füllung war ein wenig trocken geraten. Es fehlten die Äpfel. Nichts schmeckte schlecht. Nichts war so richtig gelungen. Ein normales Essen, das man ohne den verschwenderischen Aufwand der Ankündigungen und Erklärungen ohne Murren gegessen hätte. So allerdings schmeckten wir auch unsere Enttäuschung. Und die war kräftig gewürzt.

»Gleich gibt's noch vorzüglichen Käse«, verkündete der Hausherr, und wir freuten uns auf einen hoffentlich guten Rotwein dazu. Unsere Gläser standen schon lange leer.

Der Käse kam und auch der Rotwein. Von drögen, ja warnenden Worten begleitet. »Ein kostbarer Wein«, rief Frau Helene, was ihr Mann murmelnd bestätigte. Natürlich nannte er keinen Preis. Von Geld spricht man schließlich nicht. Obwohl der Gastgeber wohl über nichts lieber gesprochen hätte. Und als auch wir uns dem Comment nicht ohne Boshaftigkeit fügten und nicht danach fragten, was man denn wohl so hinlegen müsse für einen solchen Wein der Spitzenklasse, öffnete er mit verdrießlichen Händen die edle Flasche. Sichtlich beschlich ihn inzwischen die Angst, wir könnten nicht ausreichend goutieren, was uns zu Ehren hier aufgetischt wurde.

Als endlich der Käse auf dem Tisch stand und ich fröhlich zum Käsemesser greifen und mir genüßlich dicke Scheiben abschneiden wollte, unterbrach die etwas erhobene Stimme des Hausherrn meine Bewegung. »Bitte«, rief er, »bitte! Helene wird uns den Käse servieren.« Und dann brachte Helene vier kleine Tellerchen und legte auf jedes Tellerchen ein kleines Stückchen Käse, das uns der Hausherr mit Erklärungen servierte. Fünf Sorten gab es, fünf Stückchen, fünf Erklärungen. Der Käse war wunderbar. Der Rotwein auch. Es hätte ein solcher Genuß sein können.

Wir aßen dann auch noch das Brombeermus, das wir ja schon aus dem Keller kannten. Und verabschiedeten uns vor dem Kaffee. »Leider«, sagte mein Mann, »leider muß ich morgen schon um sechs Uhr am Flughafen sein.«

»Jemanden zu Gaste laden, heißt für sein Glück sorgen, solange er unter unserm Dache weilt«, schreibt Brillat-Savarin.

Wir haben zu Hause noch ein Glas Rotwein getrunken und ein Stück St. André dazu gegessen. Wortlos. Das war gut.

Allein essen

Als meine Tochter aus dem Haus ging und mein Mann in eine andere Stadt und nur noch zum Wochenende zurückkam, geriet ich ob der Aussicht, alleine zu leben, erst einmal in Panik. Ich wußte nicht, wie das ging, wie es gehen sollte, allein den Tag zu beginnen und ihn allein zu beenden. Hatte es noch nie getan. War immer umgeben gewesen. Von Menschen, Fragen, Abwasch, Stimmen, Wäschekörben, Einkaufslisten, Erwartungen und Musik, die ich mir nicht selbst angestellt hatte. Umgeben von anderem und nicht nur von meinem Leben.

Ich hatte noch nie für mich alleine gekocht. Auch früher nicht. Wenn die anderen einmal verreist waren und ich in der Leere und Freiheit des Alleinseins herumgesessen hatte, einer Leere, in der alles möglich war und nichts gelingen wollte, nichts gelingen konnte, da nichts begonnen wurde, weil sich Freude über die Freiheit und Ängstlichkeit vor der Leere so miteinander verwoben, daß sich kein klares Gefühl einstellte und nichts blieb als eine Lähmung, in der ich mühsam funktionierte.

An Kochen war in solchen Momenten nicht zu denken gewesen, an Kochen hätte ich nie gedacht. Und so aß ich Brot. Immer nur Brot. Aß es im Stehen. Als würde ich die Einsamkeit akzeptieren, resignieren womöglich in ihr, wenn ich mich setzte. Im Stehen schuf ich mir ein Gefühl des vorübergehenden Moments, ja der Eiligkeit, das mich wohl verbinden sollte mit der Welt, die draußen war, die draußen sein mußte, darauf vertraute ich. Ich strich mein

Brot im Stehen und aß die bestrichene Stelle. Strich. Aß. Biß. Ich habe es nicht geschafft, mir ein ganzes Brot zu buttern und mit Käsescheiben oder Schinken zu belegen, ein paar Gurkenscheiben zu schneiden, zu salzen und auf das Brot zu geben und das fertig belegte Schnittchen von einem eigens hergenommenen Teller zu essen.

Ganz unmöglich war es, mir einen Salat zu waschen, Tomaten zu vierteln, Kräuter und Knoblauch zu hacken und eine Sauce zu machen. Obwohl ich immer schon gerne gekocht habe. Für andere. Um gemeinsam mit ihnen zu essen. Wie aß man alleine?

»Wenn ich allein in der Küche für mich etwas anrichten will, fühle ich mich verloren«, sagt Schnier in Heinrich Bölls ›Ansichten eines Clowns‹. »Meine Hände werden ungeschickt vor Einsamkeit, und die Notwendigkeit, eine Büchse zu öffnen, Eier in die Pfanne zu schlagen, versetzt mich in tiefe Melancholie.«

Auch ich konnte kein Messer in die Hand nehmen, um Sellerie zu putzen, Karotten zu stifteln, Bohnen zu schnibbeln, Spargel zu schälen. Alles in mir sträubte sich gegen Küchenhantierungen für mich allein. Vielleicht fürchtete ich mich vor der Zärtlichkeit, die beim Kochen lebendig wird, lebendig werden kann. Man faßt hin. Und spürt sich. Die nackte Haut auf dem glatten Leib der Aubergine. Die Zunge in der Thunfischmayonnaise. Die Nase voller Basilikum-, Dill- und Korianderdüfte. Das Wasser läuft einem im Mund zusammen, sagt man, wenn man Lust hat aufs Essen. Beim Kochen wird der Körper lebendig. Man öffnet sich. Wird offen für alle Empfindungen. Auch die der Sehnsucht. Kochen macht hungrig und traurig, wenn man sich allein noch nicht mag.

Als meine Tochter aus dem Haus und mein Mann in eine andere Stadt ging, begann ich wieder Brot zu essen. Jeden Tag. Morgens und abends. Es sei denn, ich hatte Gäste oder war bei anderen zu Gast. Manchmal ging ich ins Restaurant. Zum Italiener um die Ecke. Mit einem Buch oder einer Zeitung. Und es gefiel mir. Ich war allein und doch umgeben von Tellergeklapper und Gläsergeklirr, von anonymem Menschengerede – und hatte zugleich die Gewißheit, unbeteiligt zu sein. Ich mußte nicht zuhören und schon gar nicht antworten, niemand verlangte Aufmerksamkeit, keiner prostete mir zu und lud seinen Liebeskummer bei mir ab oder auch nur seinen Berufsfrust. Ich mußte nicht diskutieren, denken, widersprechen oder auch nur zustimmend nicken. Blieb unbehelligt mitten im Leben der anderen. Und bekam alles zu riechen, was sie aßen.

Seither liebe ich es, allein in Restaurants zu essen, das hungrige Gekratze von Gabeln und Messern auf Tellern um mich herum, vom Wein aufgeweichte und aufgemachte Gesichter, lustbegierige Esser, die schon mit den Augen auf anderen Tischen und fremden Tellern speisen, bevor die eigenen Spaghetti mit frischen Trüffeln oder die Kalbsleber mit Salbei vor ihnen auf dem eigenen Tisch stehen. Banausische Mahlzeitenverzehrer mag ich ohnehin nicht, und, wenn ich allein bin, erst recht nicht um mich haben; bitte keine stochernden Gabeln, keine stumpfen Kaubewegungen unter wasserfahlen Wangen – aber auch keine jappsenden und schlingenden Schnellfresser, die sich die Backen vollstopfen und schluck schluck hinab durch den Hals an allen Geschmacksnerven der Zunge vorbeigerast im immergleichen Rhythmus mampfen – auch die Völlerei will gekonnt sein!

Und ich kann einfach nur träge und weinglücklich vor mich hinsitzen, mich einweben lassen in das Gespinst aus dem Geklimper von Gesprächen, Gelächter und Kellnerworten. Satzfetzen fliegen zu mir herüber, verbinden sich im Flug mit Silben und Worten von den anderen Tischen, und wenn alles gar keinen Sinn mehr ergibt, fühle ich mich richtig wohl. Das ist wie ein kleiner Rausch im nüchternen Zustand. Ich muß keine Rolle spielen, bin nicht ich, bin schwebende, vorübergehende Anwesenheit. Ein herrlich unfokussierter Zustand, kein Augenmerk richtet sich auf irgendwas, ich will nichts, suche nichts, erwarte nichts. Ich bin, esse und trinke.

»Der Mensch liebt die Gesellschaft«, schreibt Lichtenberg, »und sollte es auch nur die von einem brennenden Rauchkerzchen sein.«

Ich hatte Angst davor, alleine zu Hause zu essen. Ich konnte ja nicht einmal allein für mich einkaufen. Denn auch das ist, bevor man es kann, von einer so unsinnlichen Kargheit, daß man schier verzweifeln könnte. Eine Freundin hat mir einmal erzählt, daß sie bei einem Metzger in Tränen ausgebrochen sei, als sie ein einziges Steak verlangte. Die Kinder waren aus dem Haus. Der Mann auch. Sie lebte an sich ganz gern allein. Aber diese Trostlosigkeit des einen Steaks überwältigte sie. Es lag so einsam und schutzlos auf der Waage des Schlachters. Ein Einzelgänger in der Welt der Fleischwaren. Und das sollte für sie sein? Welch lächerliches Päckchen reichte er ihr über den Tresen. Sie war doch keine alte Jungfer, kein eingetrocknetes Wesen, das traurig am Wegesrand dahinwelkte, während es rundherum um sie blühte. Mit welchem Mitleid hatte sie doch früher Frauen beim Einkaufen beobachtet, ältere

Frauen vor allem, die mit sorgfältigen Bewegungen ein viertel Pfund Butter in ihren Korb legten, zwei Semmeln, drei Scheiben geschnittenen Käse, eine Scheibe gekochten Schinken, vier Karotten, vier Kartoffeln und einen Viertelliter Milch. Und mit welcher Verachtung sah sie nun auf das Päckchen, das der Metzger ihr reichte. Sie nahm es mit zögernder Hand, zahlte mit Münzen, Kleingeld für Kleinzeug; und verließ den Laden wie in Trance. Denn das konnte nicht sie sein, die berstende Frau, Geliebte und Mutter, die berühmt dafür war, daß sie üppig, köstlich und reichlich kochte. Immer das Haus voller Kinder hatte und dazu noch erfolgreiche Malerin war. Die in der Küche experimentierte wie auf der Leinwand und Rezepte verabscheute, denn Essen, sagte sie, Essen muß man komponieren wie ein Bild. Sie schuf.

Und nun hatte sie ein einziges Stückchen Fleisch in ihrem Einkaufskorb. Was sie wie eine Niederlage empfand, eine Demütigung, ein Anzeichen nahenden Alters, ja, irgendwie steckte der Tod in dem Steak und wartete dort auf sie. Sie sah sich mümmeln. Allein in ihrer Küche. Mit jedem Biß vergreisend. Alt, entzahnt und einsam. Ich nicht! Wütend nahm sie das unschuldige Fleisch und warf es – aller Erziehung und allem Widerstreben zum Trotz – energisch in den nächsten öffentlichen Papierkorb. »Ruhe in Frieden«, rief sie und suchte sich eine Telefonzelle. Die erste war kaputt, die zweite besetzt. Sie wartete. Ein junges Mädchen koste offenbar in den Hörer. Kichernd. Blödes Ding, dachte sie. Ein dürres Mädchen, dem ihr Steak gut bekommen wäre. Endlich verließ ein in tumber Verliebtheit grinsendes Gesicht die Zelle. Sie stürmte hinein. Hielt die Telefonkarte schon in der Hand. Begann zu wählen.

Hinterließ auf sieben Anrufbeantwortern, daß sie heute abend kochen werde. Chili con carne. Sieben Uhr bei mir, rief sie in den Hörer. Und dann ging sie einkaufen. Weiße Bohnen und Chilibohnen, Hackfleisch, Frühstücksspeck, Zwiebeln, Tomaten, trockenen Senf und körnigen, Worcestershire-Sauce, scharfe kleine Paprikaschoten, Chilipfeffer, Bier.

Den ganzen Nachmittag hat sie gekocht. Fünf Leute kamen. Und sie haben getafelt. Irgendwann nachts fiel ihr das kleine Steak wieder ein, und nun tat es ihr doch leid, es weggeworfen zu haben. Sie hätte es ganz gern am nächsten Morgen zum Frühstück gegessen. Mit den scharfen Schoten, die noch übriggeblieben waren beim Kochen, und mit Avocadomus.

Auch mich überkam die große Tristesse, als ich begann, für mich allein einzukaufen. Wozu noch auf den Markt radeln? Wie kauft man ein für eine Person? Einen halben Salat, drei Tomaten, zwei Stiele Basilikum und eine Handvoll Koriander bitte? Wozu auf den Markt radeln, wenn ich mir die Körbe nicht mehr volladen kann mit grünem und Eichblattsalat, mit Dill, Petersilie, Schnittlauch, Koriander, Basilikum, Mangold, Karotten, Zucchini, Avocados und neuen Kartoffeln, mit Strauchtomaten, Bauernbrot, Butter vom Faß, Egerlingen und Austernpilzen, mit frischem Ziegenkäse vom Bleibtreuhof.

Ich habe versucht, im Supermarkt einzukaufen. Was nicht ging. Das Gemüse war schlapp und bräunlich angerandet. Also bin ich zum Markt zurückgekehrt und habe viel zuviel geholt, mußte mehr als die Hälfte wegwerfen, viel mehr als die Hälfte sogar, denn selbst das, was ich

hinkriege, zu denken und zu schmecken. Beim Essen kann ich nur assoziieren. Beim Essen kommen manchmal Gedanken, gerade weil ich nicht nachgedacht habe. Oft schalte ich sogar das Radio aus. Weil es mich zu sehr beansprucht. Ich lese auch nicht beim Essen. Schon gar nicht Rezepte. Das eine Essen schmecken und über einen anderen Geschmack lesen, das würde mich ganz durcheinander bringen.

Irgendwie bin ich wohl das Gegenteil von Napoleon oder von Bill Clinton, der laut Camilla Paglia dafür berüchtigt ist, »vier Sachen zugleich zu tun, zum Beispiel fernsehen, lesen, essen und telephonieren«, und der »im wahrsten Sinne ein Allesfresser« sei. »Er würde alle Hamburger und Frauen der Welt vernaschen, wenn er könnte. (...) Er möchte alles hineinschlingen, alles haben, das Leben vollstopfen mit jeder Sensation und Empfindung.«

Wer wollte das nicht? Wer kennt nicht die Gier nach allem? Und bescheidet sich. Wie ich. Mit einem einzigen Geschmack in einem Moment. Ohne Radio, Fernseher, Buch oder Telefon. Vermutlich stiere ich ein bißchen blöd vor mich hin in einem dieser Glücksmomente beim Schmecken, die einen manchmal ganz unvermutet antreffen; wie eine kleine helle Flamme in den Kopf steigen. Der Worte folgen, Töne und Farben und ein Gefühl der Zuwendung zum Leben. Welch ein Entzücken, wenn Lust und Erfüllung sich treffen. Wenn man hinsinkt, hinschmilzt, hin ist. Das kann geschehen, wenn ich gebratene Entenbrust mit Kompott aus Sauerkirschen esse oder eine Tarte gefüllt mit Geflügelleber, gebraten mit Zwiebeln, Knoblauch und reichlich Salbeiblättern und abgeschmeckt mit Salz, Pfeffer und Zitronenschale, und dazu einen Salat und ein bißchen krumiges Brot. Das kann geschehen bei Zwetschgenpfannkuchen mit Zucker und Zimt.

Und es geschieht eben auch, wenn ich allein bin. Im Zwiegespräch mit den Gerichten, den Düften und meiner Zunge und wir uns gut unterhalten.

Unterwegs essen

Kürzlich bin ich einmal im Zug durch die Nacht gefahren, und der Mond ist neben mir hergeschwommen, bleichweiß und rund, als sei er aus Schaum und im Ofen gebacken. Ein Eierschaummond. Ich war natürlich mal wieder hungrig, und dann verwandeln sich Kühe in Käse, Quark und Rinderfilets, Wiesen in Löwenzahnsuppen und Sterne in Weihnachtsgebäck. Nie käme ich in solchen Momenten auf die Idee, daß ich etwas anderes meinte als eine Banane, wenn ich von einer Banane träumte. Keine phallischen Gelüste steckten dahinter, sondern reinste Eßlust.

Ich picknicke fast nie im Zug. Reisen macht mich haltlos. Was das Essen angeht. Ich sitze noch kaum auf meinem Platz, schon packe ich meine mitgebrachten Brote aus, kaue bereits, bevor der Zug anfährt. Obwohl ich gar keinen Hunger habe. Ich kann keine Tüte mit Gebäck bei mir haben, ohne sie sofort zu öffnen und in das Teilchen hineinzubeißen. Deshalb nehme ich nichts mehr mit in den Zug.

Nie hätte ich die Feinschmecker-Disziplin meiner Tochter, die sie erst kürzlich wieder eindrucksvoll unter Beweis stellte. Sie fuhr mit dem Intercity von Bonn nach München und hatte einen Yoghurtbecher mit Tiramisu mitgenommen. Es war ein besonders gelungenes Tiramisu. Ich hätte es gewiß vertilgt, bevor der Zug die Bahnhofshalle verlassen hätte, und die ist in Bonn wahrlich nicht lang. Nicht so meine Tochter. Keinen Bissen hat sie während der fünfstündigen Fahrt zu sich genommen. Ich war fassungslos, als sie es mir erzählte. Die Umgebung, erklärte sie mir, habe nicht zum Essen gepaßt. Der Zug sei von Menschen durchwimmelt und von unangenehmen Gerüchen durchwabert gewesen. Dort habe man gar nichts zu sich nehmen können. »Unmöglich«, sagte meine Tochter, »und schon gar nicht ein so wunderbares Tiramisu.«

Ich staunte ein wenig kleinlaut.

Manchmal muß ich in den Speisewagen gehen. Wenn zum Beispiel jemand neben mir beginnt, einen Apfel zu essen. Das kann ich nicht ertragen. Denn Apfelessen im Abteil ist fast so schlimm wie das Handygepiepse und Hallogebrülle, »Hallo Frau Meyer, hören Sie mich, tut mir leid, da war gerade ein Strommast, hallo Frau Meyer, sind Sie noch da? Ja, ich war weg, ich war im Tunnel. Können Sie mich bitte mit Herrn Rutzel verbinden und den Termin in Karlsruhe für mich bestätigen. Hallo, Frau Meyer, in Karlsruhe, den Termin.«

Die Dame, die gestern neben mir saß, telefonierte nicht, sie aß einen Apfel. Biß mit kleinem Mund, ganz hasenähnlich, in ihn hinein und machte große Geräusche dabei. Kaute, speichelte, schleckte, schlürfte, schluckte. Der zerkaute Apfelbrei rann mir in den Gehörgang. Es war widerlich. Eine Zumutung. Aber konnte ich sie bitten, das Abteil zu verlassen? Wie ich es regelmäßig mit Handy-Leuten tue und viel Zorn dabei auf mich ziehe. Kann man aber jemanden bitten, das Abteil zu verlassen, der geräuschvoll einen Apfel kleinnagt? Ist Apfelessen Ruhestörung? Und was ist dann keine Ruhestörung? Die beiden Frauen, die über Prinzessin Diana reden, als seien sie mit ihr befreundet gewesen, oder die Männer, die ihren Betrieb durchnehmen und sagen, »der Hummler hat doch tatsächlich die Sekretärin vom Chef...Und haben Sie gehört, daß die Kruse Nachfolgerin vom Hinze werden soll? Fragt man sich doch, wie die an den Job geraten ist. Durch Können bestimmt nicht. Nicht durch fachliches Können.« Und sie lachen dreckig, wie nur Männer lachen können, wenn sie ihre Verklemmtheiten aussudeln.

In solche Gespräche kann man sich schlecht einmischen. Obwohl es, weiß Gott, gute Gründe gäbe. Und so muß man wohl auch das Apfelessen hinnehmen, was einem den letzten Rest der Konzentration raubt, die ohnehin am Morgen noch träge dümpelt. Ich versuche mir innerlich die Ohren zuzuhalten. Der Mann neben mir liest ungerührt ob der Mulschgeräusche in einer Akte mit dem Titel: Top 2. Gemeinschaftsweite Volks- und Wohnungszählung im Jahre 2000. Die Lektüre muß faszinierend sein. Denn der Apfel der Dame ist ein saftiger Apfel, und nach jedem Biß kommt dieses unvermeidliche Nachschlürfen, damit auch ja kein Tropfen ihr Kleid beflecke, was im übrigen jeden Flecken gut hätte vertragen können, so braunrotblauschwarzrosa geflammt, wie es war. Von einer atemberaubend biederen Wildheit. Als habe jemand die Spontaneität des impulsiven Pinselstrichs gründlich mißverstanden.

In dem Kleid sitzt eine große, kräftige Frau im knallroten Seidenblüschen. Sie trägt schwarze, durchsichtige Strümpfe. Die Beine sind dick. Die Lackschuhe sind golden verziert, mit einer Schnalle vorn und goldenen Streifen im Absatz. Das Kleid ist weit geschnitten. Bietet geräumig Platz für einen sich ausdehnenden Körper. Aber die Dame ißt keine Schokolade und kein belegtes Brot. Sie ißt einen kargen Apfel.

Ist Ihnen schon einmal aufgefallen, daß korpulente Menschen – die richtig Dicken verhalten sich freizügiger –, daß korpulente Menschen öffentlich gern Mageres zu sich nehmen und man sich fragen muß, wo ragende Bäuche und Hintern überhaupt herkommen können bei so viel kulinarischer Zurückhaltung. Da gnibbeln sie an Äpfeln, löffeln Magerjoghurts, picken spitzschnäbelig in Salattellern herum wie ein freßfaules Huhn im Hof und schlingen wohl zu Hause heimlich die Schokobüchsen leer, die sie ganz hinten in der Abstellkammer, noch hinter dem Staubsauger und den Koffern, vor sich selbst in Sicherheit bringen wollten und doch ganz genau wußten, als sie dorthin krochen, daß sie dieses Versteck nie vergessen würden. Im Gegenteil. Dieser kleine Kitzel, in der Abstellkammer zu futtern, ist doch irgendwie ein bißchen wie Indianerspielen in einer Neubauwohnung, das macht so richtig Spaß. Und dann hockt selbst noch im kleinsten Bissen das Schuldgefühl, das es heldenhaft zu überwinden gilt und das Naschen erst wirklich zum großen Abenteuer macht. Nichts ist schöner, als halbheimlich zu essen, halbheimlich auch vor sich selbst. Und so kriechen die Süchtigen hinter den Staubsauger und hinter die Koffer, um an die Büchse mit den Schokokeksen und der Vollmilchschokolade mit ganzen Nüssen zu kommen. Und hinterher sagen sie, komisch, ich verstehe gar nicht, daß ich nicht abnehme, wo ich doch heute nur Äpfel und Joghurt gegessen habe.

Ich will ja nicht verallgemeinern. Aber im Zug sehe ich immer wieder dünne Leute mit eindrucksvollen Reisevorräten.

Neulich im ICE zum Beispiel hat ein eher spindlig aussehender Mann neben mir gesessen, in dessen Reisetasche offenbar vor allem, wenn nicht ausschließlich, Fressalien für die Fahrt steckten. Vielleicht fuhr er ja nur Zug, um im Zug zu picknicken. Ich meine, vielleicht fuhr er hin und fuhr zurück, ohne Ziel, außer dem einen, in Ruhe im Fahren zu essen. Ich meine, jeder Mensch hat so seine Marotten, und ich bestehe darauf, daß sie ihm zustehen.

Auf dem Schoß des Mannes lag eine gebügelte Stoffserviette, die er sorgfältig dort ausgebreitet hatte, mit mehrmaligem Zupfen, wie es Pingeligen halt eigen ist. Rechteckig mußte sie liegen, nicht etwa über eines seiner spitzen Knie hinabzipfeln. Denn so ein schlampiges Serviettenliegen könnte einem ja glatt das ganze Essen verderben.

Das ausgeklappte Brettchen, das man im Zug Tisch nennt, war vollgestellt mit: einer Thermoskanne mit Kaffee und einem kleinen Schnapsfläschchen für die Sahne, einem Tütchen mit Würfelzuckerstücken und der abgeschraubten Kannenhaube, die als Tasse diente, aus der er trank. Sein Essen hatte er auf dem freien Platz neben sich ausgebreitet. Auf einem sauberen Handtuch, das übrigens nicht ganz in gerader Parallele zum Sitzende lag, was mich doch ein wenig irritiert hat. Es lagen dort: Fünf belegte Brote und zwei Stück Marmorkuchen in Klarsichtfolie, zwei harte Eier, eingefärbt, eins blau, eins rot, drei Mon Chéri, zwei Mandarinen, ein Apfel, eine Banane, ein Erdbeerjoghurt, eine Extratüte für Eier- und Mandarinenschalen, ein kleines Tütchen mit Salz fürs Ei, ein anderes mit Pfeffer, zwei Papierservietten, weiß, und ein Erfrischungstuch, hygienisch eingeschweißt in ein Folienbeutelchen.

Ich fragte mich, warum der Mann die Eier nicht selbst

hatte, oder seine Frau, warum er sie im Super-
der beim Metzger kaufte, wo sie doch viel mehr
nur weil sie bunt sind, und warum er sich wohl für rot und blau und nicht für gelb und rot oder gar für zwei grüne Eier entschieden hatte. Das alles fragte ich mich und fand keine Antwort auf diese Fragen.

Der Mann trug eine Drillichhose, graublau, hellbraune Freizeitschuhe mit großflächigem Zehraum und schwarzem Lederfaden genäht, einen graubeigen Pullover mit eingestricktem braungrauen Rautenmuster und Streifen am Ärmel und unter der Brust.

Seine Lektüre waren der Fahrplan und das ICE-Heft der Bundesbahn.

Er hatte seinen Platz reserviert. War mit starrem Blick auf die Sitzzahlen durch den Zug gelaufen. Natürlich hatte er reserviert. Leute, die mit Stoffservietten reisen, reisen nie ohne Platzkarten. Platz-da-Karten. So vertreiben sie einen, sollte man sich zufällig oder einfach aus Notwendigkeit, weil der Zug voll war, auf ihrem reservierten Sitz niedergelassen haben.

»Haben Sie denn nicht reserviert?« fragen sie dann ungläubig, oft ein wenig aggressiv oder auch überheblich. Sie nämlich wissen, wie man reist. Mit Platzkarte. Unsereiner ist das hergelaufene Pack, das eigentlich gar nicht paßt in diese ordentliche Nachbarschaft. Und sie gucken einen an, als lugten sie aus Butzenscheiben oder hinter Wolkenstores hervor, mit diesem Blick des Spießers, der alles nicht mag, was er nicht tut.

Mein Nachbar mit der Stoffserviette müßte den Fahrplan inzwischen auswendig können. Wäre seine Frau dabei, würde er ihr gewiß auf jedem Haltebahnhof erzählen, wie es denn bestellt ist um die Pünktlichkeit des Zuges. Dreißig Sekunden zu früh, würde er zu seiner Frau sagen. Dreißig Sekunden zu früh. Und es würde unbefriedigt klingen, weil ihn nicht interessiert, ob der Zug zu schnell oder zu langsam fährt, sondern ob er pünktlich ist. Es geht schließlich ums Prinzip. Und wenn er im nächsten Bahnhof rufen könnte – auf die Sekunde genau –, wäre dieser kleine Triumpf in der Stimme unüberhörbar, dieser Stolz auf deutsche Wert- und Maßarbeit, an der er irgendwie teilhat, weil ja auch er ein Deutscher ist, ein pünktlicher Deutscher.

Meinem Esser gegenüber sitzt eine Frau mit braunrot gespülter Lockenfrisur, sie trägt einen senfbraunen Rock, der grau durchmustert ist, und dazu einen grünen Pullover über mächtigen, gestützten Brüsten. Leberwurstbeine in gelackten Stiefeln, wadenlang, so daß das Fett ein wenig überhängt. Sie ißt eine Banane. Eine von den schwarzgefleckten, überreifen, die aussieht, als habe sie schon drei Reisen mit ihrer Besitzerin hinter sich. Jetzt wird sie geschält. Ich hasse den Geruch von überreifen Bananen. Ein schwüler Geruch, irgendwie überfällig, der sich nun mischt mit dem von den Leberwurst- und Käsebroten meines Nachbarn. Und so langsam entsteht dieser typische Zuggeruch, dessen Krönung das säuerlich riechende Erfrischungstuch ist, das sie beide am Ende ihrer Mahlzeiten voller Genugtuung entfalten und sich ausgiebig damit bereiben.

Da lobe ich mir doch die adretten mittelalten Damen, die ich häufiger im IC antreffe, die geruchlos trinken und gar nichts dazu essen. In der zweiten Klasse sitzen sie, festgeklebt auf dem gelben Plastikbezug, das Blüschen artig gekrägelt, den Blick aus dem Fenster gerichtet, die Hand am Glas, in dem es perlt. Sie sitzen aufrecht und trinken Sekt. Einen Piccolo nach dem anderen. Ganz unauffällig. Mitten am Tag, mitten am Morgen, mitten in Deutschland, mitten unter uns. Trinken in kleinen, ordentlichen Schlucken, ohne Hast und ohne erkennbaren Genuß. Eher nippen sie so, als stünden sie in angestrengter Runde, weil der Chef Geburtstag hat und alle Damen des Büros um sich versammelte, damit sie auf ihn anstoßen können. Nun sitzen sie allein im Zug und trinken. Das Gesicht geschlossen. Nur die Lippen öffnen sich leicht, wenn sich das Glas ihnen nähert. Von welkender Hand gehalten. Sie trinken stetig. Wie im Rhythmus eines unsichtbaren Metronoms. Bald haben sie das erste Fläschchen geleert, und dann greift die linke Hand nach unten, dorthin, wo eine große Handtasche zu ihren Füßen steht. Ein zielsicherer Griff, und heraus kommt der nächste Piccolo – eingeschlagen in mehrere Lagen von Alufolie –, den sie mit scheinbar abwesendem Blick aufschrauben, das schäumende Naß ins Glas gießen und im selben Rhythmus wie zuvor wegzuschlucken beginnen. Und bleiben ganz ruhig dabei. Nur die Bäckchen belebt ein rosiger Schimmer.

Fressen

Es geschah an einem Abend im August. Zehn Leute saßen um einen großen, einen gelagigen Tisch. Sie hatten wunderbar gegessen. Eine kalte Gurkensuppe, Risotto mit grünem Spargel, Kalbsmedaillons in Zitronensauce mit Erbsenschoten und kleinen roten französischen Kartoffeln. Dazu hatten sie einen kalten Lugana getrunken. Zum Nachtisch gab es karamelisierte Birnen.

Jetzt aßen sie Käse und sprachen behaglich, wie man halt spricht, wenn man gut gegessen hat und unter Freunden ist. Erzählten einander von neuen Lokalen und Weinen, die sie ausprobiert hatten, machten hin und wieder kleine Ausflüge in die Politik, wo sie es aber zu betrüblich fanden, um sich länger dort aufzuhalten. Der französische Ziegenbrie zum Montepulciano d' Abruzzo mundete ihnen vorzüglich.

Einer der Eingeladenen hatte der Gastgeberin Schokolade aus Brüssel mitgebracht. Aus einer berühmten Konfiserie. Pralinen in einem schlichten weißen Karton, den die Dame des Hauses nun auf den Tisch stellte. Sie selbst liebte den Geschmack von Rotwein und von guter Schokolade.

Fast jeder sträubte sich zunächst, weil man doch bereits so gut und so reichlich gespiesen habe, und sie sagten alle, was man so sagt, wenn man eigentlich satt ist – und griffen zu. »Eine zum Probieren«, lächelten sie matt, bissen in die Schokolade und schwiegen verzückt.

Nur ein Mann hatte sich nicht geziert. Einer, der ohne-

hin schon am meisten gegessen und am lautesten geredet hatte. Am liebsten stets beides auf einmal. Er klaubte sich mit ungeschickten Fingern gleich zwei Schokobällchen aus dem Kasten, stopfte sich beide auf einmal in den Mund und schwieg für keine Sekunde. Er schluckte, redete, gestikulierte, griff erneut in den Kasten, biß, schluckte, redete und warf seine kleinen pummeligen Hände mit einigem Enthusiasmus in die Luft.

Er war Schriftsteller und redete so gern, wie er schrieb. Redete lieber, wie er selbst zugab, wenn er in der Stimmung war, etwas zuzugeben. Sechs Pralinen hatte er nun gewiß schon in seinen Rachen geworfen. Unablässig kreiste seine Hand über dem Schokoladenkasten wie ein hungriger Habicht über dem Feld, der eine Maus fangen und sie verzehren will.

Ihm gegenüber saß eine junge Frau. Er hatte sie zum ersten Mal mitgebracht in diesen Kreis. Seine neueste Flamme, hieß es. Der Mann hatte immer nur Flammen, nie Lieben, aber das ist ein anderes Thema. Sie hörte ihm zu wie die anderen auch, und doch drang kaum ein Wort an ihr Ohr. Sie sah ihn essen. Nein, sie sah ihn fressen, sah ihn sich anfüllen mit allem, was ihm vor die Finger und die Lippen kam. Und erschauderte. Sah das gedoppelte Kinn sich über den Hemdkragen wellen, sah das gerötete Wangenfleisch schlabbern, die kleinen Äuglein im Fett verschwinden, sah den Bauch unter der Weste sich wölben und an den Knöpfen zerren, sah einen Menschen, den sie noch nie gesehen hatte. Sah einen unappetitlichen, haltlosen Freßsack.

Und trennte sich von ihm noch am selben Abend.

Sie verachte, erklärte sie ihrem Geliebten, sie verachte

Menschen, die nicht Maß zu halten verstünden, weil Genuß nur im Maß zu finden sei, und sie halte Völlerei überdies für kulturlos. Eine Bemerkung, die dem berühmten Dichter dann doch ein Lächeln ins Gesicht zauberte, obwohl er die appetitliche junge Dame lieber im Bett als im Disput gehabt hätte. Sie selbst übrigens war eine mollige Person, üppig ausgestattet, wie er es liebte, während sie selbst sich zu dick fand, sich dem Maß der Mode unterwerfend. Und so vermutete der als maßlos Gescholtene in der Wut seiner nunmehr ehemaligen Geliebten den Zorn auf eigene unterdrückte Gelüste. Er seufzte. Und hörte sie eifern über die Kulturlosigkeit der Völlerei und die Weisheit des eingehaltenen Maßes.

Zum nächsten Abendessen brachte er eine neue Flamme mit. Die ihn haltlos anhimmelte. Auch während er fraß.

Die Tiere fressen, hat der gastrosophische (gaster = Magen; sophia = Weisheit) Philosoph Brillat-Savarin gesagt, aber der Mensch ißt, und der Mann von Geist versteht die Kunst zu essen. Und er ereifert sich, jenen »stumpfsinnigen Fressern« ewige Schmach zu verkünden, »die mit verruchter Indifferenz die edelsten Bissen verschlingen und mit tempelschänderischer Zerstreutheit einen Wein von vornehmster Blume hinunterstürzen.« Wie hätte er den Griechen Philoxenos verachtet, von dem man sagte, er habe kochendes Wasser getrunken, um seinen Schlund abzuhärten, und seine Hände in glühend heißes Badewasser getaucht, um sie unempfindlich zu machen gegen Hitze, damit er vom frisch gebratenen oder gesiedeten Fleische mit bloßen Fingern die besten Stücke abreißen und sie sofort verschlingen konnte.

Immer halten die Weisen es damit, Maß zu halten. Verachten das unmäßige Zulangen. Suchen und finden Genuß in der Besinnlichkeit, dem Abwägen, dem klug gestalteten Raum zwischen Hingabe und Verzicht.

Während die »allerkostbarsten Lustseuchlinge«, denen Rabelais seinen ›Gargantua‹ widmete, das tun, was man nicht tut. Sie fressen. Verhalten sich esthetically, ja philosophically incorrect und lassen es sich gut gehen dabei. Gern und ausgiebig berufen sich daher literarisch bewanderte Fresser auf ihren Urvater Gargantua, der mit der Milch von siebzehntausendneunhundertunddreizehn Kühen aufgezogen wird und sich mit Menschen umgibt, die nicht daran denken, den feinbäuchigen Unterschied zwischen Hunger und Appetit zu machen, und das schon gar nicht, wenn sie sich dadurch eines Vergnügens zu begeben hätten. Wie Hans der Mönch zum Beispiel, der auch noch trefflich übers Speisen zu reden versteht.

»Zwar hab' ich schon zu Abend gegessen, werde aber darum doch nicht weniger zulangen; denn ich hab' einen famosen Magen, so hohl wie Sankt Benedikts Stiefel und immer offen wie 'ne Advokatentasche. (...) Heißt das nicht lustig gelebt, wenn man knüppeldick stirbt?«

François Rabelais hat mit seinem Gargantua einen Helden in die Welt gesetzt, der sich nach einer Schlacht Kanonenkugeln aus dem Haar kämmt und ganz nebenbei sechs Pilger im Salat verspeist, die er sich dann mühselig aus den Zähnen stochern muß. Ein ganzer Kerl. Ein verfressener Koloß. Und kein bißchen blöd.

Es waren ohnehin, weiß Gott, nicht immer die Tumbesten, die sich der Völlerei verschrieben. Bismarck zum Beispiel, so erzählen es Gert v. Paczensky und Anna Dünnebier, Bismarck soll als junger Beamter immer ein paar

Stullen auf offizielle Empfänge mitgenommen haben, weil er fürchtete, an den Buffets nicht satt zu werden. Er hat nach dem Motto gelebt, »wenn ich tüchtig arbeiten soll, so muß ich gut gefüttert werden«. Zwar hat er sich im vorrückenden Alter häufig über Verdauungsstörungen, Neuralgien und Appetitlosigkeit beschwert, verzehrte aber gleichzeitig Aal, kaltes Fleisch, Krevetten, Hummer, Rauchfleisch, rohen Schinken, warmen Braten und eine Mehlspeise.

Auch Ludwig der XIV. von Frankreich war kein Kostverächter. Nach vier Tellern Suppe, einem Fasan, einem Rebhuhn, einem großen Salat und einem Teller Irish Stew folgten zwei große Scheiben Schinken, mit Knoblauch zubereitetes Hammelfleisch mit Brühe, ein Teller voller Backwaren, außerdem Obst und harte Eier.

Heftig getafelt wurde auch bei den alten Römern. Im Satyricon, dem römischen Schelmenroman von Petronius, wird ein Gastmahl bei dem reichen Trimalchio beschrieben.

»Man servierte uns sehr gepflegte Vorspeisen (...) mit Honig und Mohn bedeckte Haselmäuse (...), heiße Würstchen (...), syrische Pflaumen mit Granatapfelkernen. Dann trug man eine Platte herein; auf der lag ein enormes Wildschwein (...) an seinen Hauern hingen zwei aus Palmblättern geflochtene Körbchen, wovon das eine mit nußförmigen Datteln, das andere mit Datteln aus Theben gefüllt war. Darum herumgelegt waren kleine Schweinchen aus Kuchenteig, so angeordnet als ob sie an Eutern lägen, womit angedeutet war, daß es sich um eine Bache handelte. Diese Schweinchen waren Geschenke zum Mitnehmen. »

Man ißt Schöpsenerbsen und Rindfleisch, Hoden und Nieren, afrikanische Feigen, die Gebärmutter einer Jungsau, Käsegebäck, fette, in gepfeffertes Eigelb gehüllte Feigendrosseln, Honigkuchen, Seefisch, Rabe, Hummer, Gans und Brot. Serviert wird auf riesigen Platten mit Tafelaufsätzen, die reichlich geschmückt sind. Aus kunstvollen Alabasterfiguren fließen pikante Saucen durch Schläuche auf die Speisen. Serviert wird dann noch ein »riesiges Schwein, das den ganzen Tisch besetzt«, und ein ganzes, gekochtes Kalb.

Dazu gibt es reichlich Wein, der hundert Jahre alt ist. Zum Nachtisch werden große Tabletts mit Kuchen serviert, fette Poularden, gefüllte und gewürzte Gänseeier, Krammetsvögel aus feinem Weizenteig, gefüllt mit Rosinen und Nüssen, Quitten, Austern, Kammuscheln und Schnecken.

Zu Beginn des 18. Jahrhunderts soll in Wiener adeligen Kreisen so luxuriös und überbordend gepraßt worden sein, daß Leopold I. das Amt eines Häferlguckers einführte, eine Art Zensor für übertriebenes Schlemmen.

Auch heute noch gibt es Menschen, die unglaubliche Mengen zu sich nehmen können. Und gern damit prahlen. Meist sind es Männer. Einunddreißig Teller Suppe habe er einmal gegessen, behauptet ein Freund von mir und strahlt dabei. Während ein anderer damit angibt, seinen Bruder im Wettessen mit Kartoffelpuffern geschlagen zu haben. Siebenunddreißig Stück, sagt er, habe er vertilgt.

Das Wort Vielfraß leitet sich übrigens vom norwegischen fjeldfross ab, einem Bergkater, der ein besonders gefräßiges Tier gewesen sein soll.

Kürzlich hat Sakae Watanabe, ein arbeitsloser Japaner,

einen interessanten neuen Rekord aufgestellt
lang hat er in einem durchgehend geöffneten
geschlemmt. Bis er festgenommen wurde, w
bezahlen konnte. Nach Angaben der Poliz
46jährige am Freitag mittag in das Restaurar
cher Gastgeber« in Kofu westlich von Tokio gegangen und hatte bis Sonntag morgen praktisch nicht aufgehört zu essen. Insgesamt soll er mehr als zwanzig Gerichte verzehrt haben.

»Ißt man zu gut, so entsteht Begierde. Ißt man zu schlecht, so entsteht Unmut. Ißt man den ganzen Tag lang, ohne sich über die Herkunft der Speisen im klaren zu sein, so ist man ein Dummkopf«, schrieb Huang Ting-chien im 11. Jahrhundert.

Was wir heute Freßwelle nennen, nannte der gestrenge Karl Friedrich von Rumohr, dessen ›Geist der Kochkunst‹, im 19. Jahrhundert geschrieben, uns ein Sittenbild der Gesellschaft malt, die »Lüstelei der Reichen« und warnte davor, »wo vom Kochen die Rede ist, an Leckereien zu denken«. Unter Schlemmerei, so schrieb er, »verstehe ich eine gewisse vergeudende Gefräßigkeit und gefräßige Vergeudung«, die der sinnlich-sittlichen Bildung eines Volkes entgegenstünden.

Menschen, die sich aus Langeweile und Überdruß den Magen überladen, die schlemmen und fressen und sich der »barbarischen Neigung zur Völlerei« (Rumohr) hingeben, weil ihnen nichts besseres einfällt, sind in der Tat keine Künstler des Genusses. Und übrigens meist in der Liebe so hastig wie am Teller.

Manche Menschen fressen, um ihre Seele zu schützen, sie zu verbergen hinter und unter wabernder Fleisches-

e. Und wenn denn stimmt, daß der Körper der Spiegel der Seele ist und unser »einziges Zuhause im Universum«, wie John O'Donohue in seinem Buch der keltischen Weisheit schreibt, dann zeigen wir uns, wo wir meinen, uns zu verbergen, dann hocken in den schlingenden Freßsäcken wohl häufig besonders empfindsame Menschlein.

»Ich muß 90 Kilogramm abnehmen«, sagt ein Mann in einem Film über sehr dicke Menschen, »das ist, als würde ich eine andere Person verlieren.«

Jack LaLanne, berühmter amerikanischer Gesundheits- und Körperapostel, wurde in der Süddeutschen Zeitung interviewt. »Mit 15 Jahren war ich ein kleiner, schwacher, zuckersüchtiger, psychotischer Junge. Mein Vater war ein Typ, der sich mit Messer und Gabel umbrachte. Er fraß ständig Würste und soff pausenlos Bier. Er entwickelte das Gesicht eines fettigen Wahnsinnigen und hatte am Ende einen vollgefressenen Körper, der nach Schweinemist roch.«

Und dann, sagt LaLanne, lernte er den Ernährungslehrer Paul Bragg kennen. »Da war ich 16. Er zeigte mir, wie man gesund ißt. Er erklärte mir den menschlichen Körper als einen Tempel Gottes. Nachdem ich mich entschlossen hatte, Vegetarier zu werden, (...) sagte ich mir: Jack, du hast dich vom Teufel befreit. Du kannst Menschenleben retten. Sag den Menschen die Wahrheit, daß falsche Ernährung die gefährlichste Droge der Welt ist.«

So schließt sich der Kreis von Karl Friedrich von Rumohr zu Jack LaLanne. Und die Gefräßigen stehen da als die Dummköpfe, die sie nicht unbedingt sind. Halt nur nicht so kultiviert und so sensibel wie die feinnervigen Schmecker, die einem auch ganz schön auf die Nerven

gehen können, wenn sie ihre Edelzüngigkeit zelebrieren und fein herumschmecken mit gespitzten Lippen und zupfenden Zähnen, weil sie das Reinhauen als Geschmacksverirrung verachten. Das Maß ist es, das auch hier den Königsweg vorgibt und der Anfang aller Lüste ist.

Das Schwierigste am Essen ist, es nicht zu tun

Dem wahren Genießer gelingt, wonach der Vielfraß nicht einmal strebt, die philosophische Erkenntnis des Maßes als ihn beglückende Lebensmaxime zu befolgen. Er kann essen, ohne fressen zu müssen. Kann genießen, was ihm guttut. Der Maßlose dagegen schwankt zwischen Gier und Diät. Schlingt und kasteit sich. Treibt zwischen Heißhunger, Wut und schlechtem Gewissen auf den Wellen seines unruhigen Geistes.

Der ganze Unsinn der Hungerkuren und Diäten, der künstlichen Kasteiungen und Abnehmzwänge ist doch nichts als Folge unseres geschmacklosen Unverstands, was Essen angeht. Verzehrte der Mensch nur das, was ihn wirklich freute, und äße nur, solange er Hunger hätte, würde er sich der Völlerei nicht ergeben und auch nicht dem unweigerlich darauf folgenden Eßverbot.

Heute allerdings machen es uns die künstlichen Aromen der Nahrungsmittelindustrie – und schon Babynahrung ist angereichert mit ihnen – nicht leichter, dem Ziel des wahren Schmeckens näher zu kommen. Denn, so schreibt der schon zitierte Hans-Ulrich Grimm, der Aroma-Overkill habe bereits begonnen und führe dazu, daß der Esser die Kontrolle über seine Empfindungen verliere. Und somit auch über seine Gesundheit. Denn: Wenn man Kinder essen läßt, was sie essen wollen, dann wählen sie das, was ihnen guttut. Instinktiv nehmen sie, was für sie gesund ist, ja, sie gleichen mit ihrem Eßverhalten sogar körpereigene

Defizite aus. Eigentlich also weiß der Mensch, was ihm bekommt. Wenn er sich dieses Wissen nicht durch die Produkte der Nahrungsmittelindustrie zerstören ließe. Was er tut. Blöd wie er ist. Und frißt jeden Schund, der ihm unter die Nase kommt.

Als ich zum ersten Mal in Amerika reiste und irgendwo im Mittleren Westen beim Frühstück ein dickes Paar dicke Pfannkuchen mit mehreren Kugeln Vanilleeis essen sah, wunderte ich mich. Als ich allerdings begriff, daß die Vanilleeiskugeln in Wirklichkeit Butter waren, da ekelte ich mich vor dem fettigen Übermaß.

Vielleicht war ich auch einfach nur neidisch. Weil die Leute fett waren und fett fraßen. Ungeniert. Während ich unentwegt darüber nachdenke, wie ich abnehmen könnte, sollte und müßte.

Wie die meisten anderen deutschen Frauen auch. Eine Umfrage der Zeitschrift ›Marie Claire‹ hat ergeben, daß Traum Nummer eins der deutschen Frauen nicht der Mann, der Sex, die Karriere ist, sondern essen zu können, ohne dick zu werden.

Männer kennen diesen Traum auch. Ein Freund von mir, der immer hungert und immer frißt und immer zu dick ist und oft schlecht gelaunt, weil sein Bauch entweder wabert oder knurrt, dieser Freund hadert inzwischen weniger mit sich als mit Gott. Er nehme es diesem Herrn persönlich übel, sagt er, daß er, der angeblich allgewaltig sei, Menschen erschaffen habe, die immer essen wollen und viel mehr essen können, als ihnen bekommt, die fett, krank und unansehnlich werden, wenn sie das tun, was ein in ihnen angelegter Hunger sie drängt und treibt zu tun.

Was für eine blödsinnige Konstruktion, ruft mein Freund

empört. Kein Unternehmen könnte ein derart mißglücktes Produkt verkaufen. Und Gott wirft so was einfach auf die Erde.

Das Gebot der schmalen Hüften und des konkaven Bauches lastet allerdings nach wie vor auf den Männern nicht so schwer wie auf uns. Vermutlich, weil sie es selbst aufstellten. Es ist ein männliches Gebot. Dem wir Frauen folgen. Nein, schlimmer noch, das wir so verinnerlicht haben, daß wir es als eigenen Wunsch empfinden. Und hungern uns hirnverblödet aufs männliche Gardemaß hin. Warum eigentlich? Als ob es zwischen ungesundem Fettsein und übertriebenem Dünnsein keine vernünftigen Abstufungen gäbe. Nach unserem Gusto und nicht nach ihrem. Und wir wollen emanzipiert sein?

Die Literaturprofessorin Maud Ellman vermutet hinter der Diätendrangsal gar finstere gesellschaftliche Absicht. Während nämlich Frauen, schreibt sie, die sich an religiösen Fastenritualen im Mittelalter beteiligten, sich dem Essen entzogen, um ihre sexuellen Begierden zu beherrschen, hungern Frauen heute, um ihr Fett zu vernichten. »So hat sich die gesellschaftliche Stigmatisierung der weiblichen Sexualität auf das Fett übertragen, das ebenso unerbittlich verfolgt wird.«

Wie oft habe ich mir vorgenommen abzunehmen. Von Kindesbeinen an. Schließlich wurde ich als Kind schon »Dicke« gerufen. Einmal schenkten mir meine entzückenden Geschwister einen Kleiderbügel zu Weihnachten, auf den sie »Dicke« gemalt hatten. In hübscher Schreibschrift. In knallroten Buchstaben. In fetten Buchstaben. In Ölfarbe. Unabwaschbar.

Ich nehme mir das Abnehmen immer wieder sehr ernst

vor. Mit allen guten Vorsätzen und aller Strenge. Streng werde ich abnehmen. Weil die Hose kneift und ich sie aufknöpfen muß, wenn ich auf dem Fahrrad sitze, und übrigens schon kaum aufsteigen konnte in ihr, weil sie auch an den Schenkeln strammt und im Schritt. Überall ist sie zu eng. Bedrängt mich mit ihrem blöden, harten Stoff. Der kein bißchen nachgibt. Warum trage ich auch Jeans und keine Jerseyhose. Die doch viel praktischer wäre, elastischer. Da waberte das Schenkelfleisch im freien Fall.

Während ich also die obersten Knöpfe der Hose öffne, um auf dem Fahrrad fahren zu können, und mir vorstelle, wie elegant und leichtfüßig, wie überaus leicht ich bald gehen und radeln werde, nagt sich zugleich eine ganz andere Idee in meinen Kopf, wie köstlich es nämlich wäre, später einen kleinen Pfannkuchen zu backen, oder vielleicht auch zwei, und dazu das Pflaumenkompott von Tante Irmi zu essen, das sie mir neulich mitgebracht hat, als sie mich besuchen kam zum Kaffee und zur Schokoladentorte, die ich gebacken hatte für sie und dann drei Tage lang leider allein aufessen mußte, weil die Torte ein wenig groß geraten war und Tante Irmi noch nie gern Kuchen gegessen hat, was ich natürlich ganz genau wußte. Jetzt ist nichts mehr übrig von der Schokoladentorte. Vorgestern habe ich die letzten Krümel mit spuckfeuchtem Daumen aufgepickt und mir in den Mund geschoben. Zärtlich. Einzeln.

Heute ist Sonntag und nichts Süßes im Haus. Ein Sonntag so ganz ohne was Süßes. Ich weiß nicht, ob das bekömmlich ist. Und dann beginnt es auch noch zu regnen. So ein kleiner gezuckerter Pfannkuchen mit Zwetschgenkompott als Trostspeise für die Seele würde doch auch den Leib erfreuen.

»Wie köstlich«, sage ich, sage es laut und schaue versonnen auf das kleine rote Rad in der Ampel, an der ich gerade stehe. Der Radfahrer neben mir blickt besorgt herüber. Und ich nicke ihm freundlich zu.

Aber da ich ja streng bin und streng abnehmen werde, entscheide ich mich für ungesüßten Hagebuttentee und finde mich ziemlich beachtlich.

Wenn nur der Hunger nicht wäre – dieses Katzenmaul mit Haifischzähnchen, aufgesperrt und bedrohlich knurrend. Warnung, Ansprung. Schwindel. Man greift nach Halt, muß es tun, um nicht hinzukippen, wo immer man steht, und natürlich hält man sich fest an dem, was am nächsten ist. Eiskrem, Gebäck oder Würstchen am Stand. Allerdings wird so manche Schlabbernahrung vom Hunger nicht immer als Beute goutiert. Zwar knurrt der Magen leiser oder verstummt sogar ganz, aber das schwarze Magenloch gähnt nach wie vor. Was übrigens die interessante Frage aufwirft, ob schlechtes Essen genau so satt macht wie gutes oder – weil das Gefühl der Zufriedenheit fehlt – ein vielleicht ja nur vermeintlicher Hunger bleibt, ein Lusthunger vielleicht, der weiterhin im unbefriedigten Magen herumhopst und die Aufmerksamkeit auf sich zu lenken sucht.

Ich habe daher einen wichtigen Entschluß auf dem Weg zum schlanken Leben getroffen: mir die Pfunde nie wieder (!) mit banalem Zeug anzufressen.

Und dann stehe ich in meiner Küche, koche mir Hagebuttentee und entdecke die kalten Kartoffeln vom Abend zuvor. Appetitlich liegen sie in einer der hübschen arabischen Schüsseln. Es sind neue Kartoffeln. Die kleinen neuen. Die man mit Schale essen kann. Die würzig schmeckt. Ist das, was hier lockt, etwa banal? Und neben den Kartoffeln steht das Salz, und es steht dort die Bärlauchbutter. Wie soll man dieses Arrangement ignorieren, wie darüber hinwegsehen und sich allein dem Kräutertee widmen. Und habe ich nicht gerade viele Kilometer und womöglich ein halbes Kilo hinter mir gelassen? Das Messer habe ich schon in der Hand, bevor der Kopf sich durchgerungen hat zum Schmaus.

Die Kartoffeln in kleine mundsame Hälften schneiden, salzen, bebuttern und mit zartem Schub in den Mund hineingeben – das sind fließende, elegante Gesten, die ganz automatisch kommen, ein choreographisches Heimspiel sozusagen. Langsam beginne ich, die kalte Kartoffel auf Körperwärme zu kauen. Spüre den kleinen Riß, wenn ich die Haut zerbeiße und die Frucht ihr Inneres preisgibt, das weich ist, nicht bröcklig, nicht schmiegsam, aber bereit, nach leisem Widerstreben sich hinzugeben, und das sich mit der cremigen Butter zur zartesten Gaumenlust verbindet.

(In meiner Küche steht Butter übrigens immer auf dem Tisch und nicht im Eisschrank, weil ich die kaltharten Klumpen nicht leiden kann, an denen man herumschaben muß, wenn man davon essen will. Butter muß sein, wie Männer die Frauen gern hätten: immer verfügbar, sanft, weich und benutzbar.)

Nach meiner kleinen Zwischenmahlzeit, die köstlich war, trinke ich den Tee und esse einen Apfel. Und beide hinterlassen einen so kargen Geschmack in mir, daß ich mich gleich ganz kalorienarm genährt fühle, und am Abend, nach dem Tellerchen mit Spaghetti, noch einen ungesüßten Kräutertee trinken und noch einen Apfel essen werde. Vielleicht gebraten, weil es doch so kalt ist heute, und gefüllt mit ein wenig Johannisbeergelee, und dazu ein Löffelchen Schmand und ein paar Rosinen. So eine halbe Handvoll, ein Händchenvoll.

Das Schönheitsideal hat sich im Laufe der Zeiten geändert. Die Venus von Willendorf, etwa 3000 Jahre vor Christus erschaffen, ist eine füllige Person. Und auch die Aphroditen des Altertums sind ja, weiß Gott, eher saftig als karg, von den Rubens-Damen ganz zu schweigen. In Deutschland waren in der hungernden Nachkriegszeit vollfleischige Frauen als Vorführmodelle für Bademoden äußerst begehrt und en vogue. Heute würde man keine von ihnen auf einen Laufsteg lassen, da Freßwelle und Diätenfimmel unsere Vorstellung von Genuß und Schönheit beherrschen. Da wird sinnenlos gepraßt und unbesonnen gehungert, und weder das eine noch das andere hat damit zu tun, was Essen ist oder Essen sein könnte.

Umsonst essen

Kürzlich war ich mit einem Freund auf einer Tagung, auf der es mal wieder um die Zukunft ging, um unsere Zukunft und den Standort Deutschland. Es war eine dieser Veranstaltungen, die es in Bonn, solange in Bonn noch das gemacht wird, was wir gemeinhin als Politik bezeichnen, dutzendweise gibt. Gewichtige Herren saßen oben hinter weiß verhüllten Tischen, erwartungsvolle Zuhörer reihenweise unten. Kameras surrten. Der Raum war voll und wurde stickig. Guten Morgen, meine Damen und Herren. Die Beiträge auf dem Podium gerieten unglücklicherweise so langweilig wie die Fragen aus dem Publikum. Nach zwei zähen Stunden war endlich Schluß. Und man wurde zum Mittagessen ins Bundestagsrestaurant gebeten. Mein Freund strahlte. Ich nicht. Er wollte essen. Ich wollte weg.

»Du beabsichtigst doch nicht etwa, mit Leuten zu essen, die dich schon fast zwei Stunden gelangweilt haben?«

Er sah mich fassungslos an. »Das Essen ist umsonst«, sagte er und strebte mit hurtigen Beinen dem Ausgang zu.

Mein Freund ist nicht arm. Es droht ihm keine Hungersnot. Ehrlich gesagt ist er sogar zu dick. Aber wenn es Essen umsonst gibt, muß er essen. Egal wo und egal was, und er ißt auch dann, wenn er gar keinen Hunger hat. Was selten genug vorkommt, weil der Magen trainiert ist auf mancherlei Gestopfe. »Kriegskind halt«, sagt er und grinst. »Man kann ja nicht wissen, ob es morgen wieder was gibt.«

Und so ißt er Frühstück im Hotel, sollte es denn im Zimmerpreis inbegriffen sein, verspeist Häppchen nach einer

Buchvorstellung, schlingt Quiche-Scheibchen und Minipizzas nach einem Vortrag in sich hinein, packt sich nach Symposien Buffetkost auf den Teller, verschluckt Schlabberbrötchen auf Empfängen. In Bonn kann man futtern, was der Hosenbund hält und auch darüber hinaus. Jeden Abend gibt es irgendwelche Veranstaltungen: Empfänge, Vernissagen, Lieder-, Diskussions- oder Bierabende, Frühlingsfeste oder Jahrestage in Landesvertretungen, bei Lobby-Organisationen, Fernsehsendern, Botschaften oder Stiftungen. Immer gibt es etwas zu feiern. Einen isländischen Musiker, einen südafrikanischen Nationalfeiertag, die sudanesische Unabhängigkeit, ein neues Buch von Joschka Fischer, vorgestellt von Heiner Geißler, ein neues Buch von Heiner Geißler, vorgestellt von ... Und so dreht sich das Karussell und der Magen auch, wenn man einen Tag bei den Bayern Brezen und Weißwurst, am nächsten Couscous und Tahini und andere arabische Köstlichkeiten bei den Ägyptern, und am übernächsten französische Canapés und englische Cocktailwürstchen in sich hineinschluckt. Alles umsonst. Wer in Bonn lebt und im Einladungsklüngel drin ist, braucht sich um Magenfüllungen der verschiedensten Arten nicht mehr zu sorgen und muß, wenn er nicht will, keinen Pfennig für seine Ernährung ausgeben. Das übernehmen andere. Er muß nur erscheinen. Und reden. Mit dem Lobbyisten, mit dem Journalisten, mit dem Abgeordneten. Essen und Politik, Essen und Geschäft gehören nun einmal zusammen. Und dafür gnibbelt man auch schon mal an harten kleinen Buletten oder trockenen Schnittchen herum.

Die schlappesten Brötchen habe ich auf einem staubigen Parkplatz gegessen. Und das kam so:

Ein Diplomat hatte eingeladen. In seine Residenz. Die

berühmt war für ihre Opulenz und ihre Lage. Alle kamen, um zu bestaunen, wovon sie schon so viel hatten reden hören. Und dann stand man erst einmal eine Weile im Stau. Mit einem solchen Besucheransturm hatte der Gastgeber offenbar nicht gerechnet. Zwanzig Minuten brauchten wir, bevor wir den Parkplatz erreichten, von dem aus Shuttle-Busse zu dem Wunderhaus fahren sollten, dessentwegen wir ja gekommen waren. Wir parkten und stiegen aus. Wie die anderen auch. Viele andere. Es war Sommer. Und es war heiß. Der Parkplatz staubte. Und jedes Auto, das hineinfuhr, wirbelte eine dieser netten kleinen oder auch größeren Sandwolken auf, die einen so freundlich umhüllen und es knirschen lassen zwischen den Zähnen. Sandstaub, den man sich später aus den Haaren kämmen und aus den Poren waschen kann. Später. Auf diesem Parkplatz standen wir nun. In einer Schlange, die gewiß einhundertfünfzig Meter lang war. Es gab nicht genug Shuttle-Busse, und die Busse, die es gab, konnten nicht shuttlen. Es war ja Stau. Und wir stauten uns auf dem Parkplatz. Die Herren in Schlips und gebügeltem Kragen, die Damen in hellen Seidenkleidchen und Sommerkostümen. Einige trugen modische Basthüte. So standen wir im Staub. Der Grauschleier legte sich auch auf die Gesichter. Als Mißbehagen.

Und doch blieben alle stehen. Wenn schon, denn schon. Nun wollten wir's wissen. Und man konnte ja auch plaudern. »Und was tun Sie im schönen Bonn?« »Ich bin höherer Beamter im Postministerium.«

Na ja dann. Ein wenig französischer Champagner könnte jetzt nicht schaden. Ein Weißwein aus dem Friaul tät's auch. Statt dessen nur Staub. Auch in den Worten, die mit einem beharrlichen Gesellschaftslächeln ausgetauscht werden.

Doch dann die Überraschung. Die nun wirklich ein Hammer ist, um es jungdeutsch zu sagen. Aus einem der Busse, die sich durchgekämpft haben, taucht ein Kellner auf mit einer großen Platte mit Canapés, mit der er auf die Wartenden zugeht, sie ihnen serviert, die Schlange entlang, auf dem Parkplatz, auf den immer noch neue Autos fahren und neuen Staub aufwirbeln. Nach etwa dreißig Metern ist die Platte leer. Murren im hinteren Schlangenteil. Leises Murren. Wir befinden uns ja in gesitteter Gesellschaft. Ich würde auch gern murren, obwohl ich ein Canapé abbekommen habe, gerade weil ich eins abbekommen habe. Die anderen sollten froh sein, daß ihnen nichts mehr angeboten werden konnte, denn was einem da angeboten wurde, war grauslig. Krümeltrockene, dünne Baguettescheiben, auf denen sich kleine Schinken- oder Käsestückchen kringelten, die offensichtlich schon seit Stunden dort in der Hitze herumgelegen hatten, und nun – an den Enden bräunlich schimmernd – sich nach oben rollten. Müde Salatblätter schlappten unter Eierscheiben mit Mayonnaisehäubchen aus der Tube mit der gezackten Tülle, damit's recht nett und zierlich aussieht. Was auch nicht half. Nichts half hier mehr. Auch wenn alles umsonst war.

Das Haus haben wir noch zu sehen bekommen. Es war sehr schön. Die Schnittchen allerdings waren die gleichen wie auf dem Parkplatz. Und es gab keinen Champagner, sondern billigen Sekt. Und den trinke ich nie, auch dann nicht, wenn er für lau ist. Für Kopfweh muß ich ja auch sonst nicht zahlen.

Als wir endlich wieder im Auto saßen, hatten wir Hunger, Hunger auf Gutes, und sind an diesem Abend teuer und köstlich essen gegangen.

Essen gehen

Ein Stuhl im Wirtshaus, soll Samuel Johnson einmal gesagt haben, sei der Thron der menschlichen Glückseligkeit. Er muß ein gutes Wirtshaus gehabt haben. In dem er liebenswürdig bedient, umhegt und verwöhnt wurde. Kleine Gerichte oder große bekam, milde oder scharf gewürzte, je nach Magenlaune und Gaumenlust. Wie man es sich halt so wünscht, wenn man ausgeht zum Essen und eine Gaststube sucht, in der man sich gern bekochen, beraten und bedienen läßt, in der man angenehm speisen und behaglich seufzen kann und schließlich mit satter Lust lächelt. Erwärmt, beglückt, entspannt die Welt besieht. Mit geneigten Augen. Ein wenig trüber vielleicht und dadurch auch klarer. Das Korsett der Konvention wird einfach zu eng nach einem vorzüglichen Mahl. Man überläßt sich dem Spiel der Gedanken, der Phantasie womöglich, kommt den Engeln in sich näher und vielleicht auch den teuflischen Trieben.

Wichtige Staatsgeschäfte nur beim Essen ist eine Devise, die nicht nur in Bayern gilt. Und nicht nur in Bayern werden nicht nur engelgleiche Staatsgeschäfte betrieben.

Das gemeinsame Essen im Wirtshaus befördert das gegenseitige Verständnis. Man lernt sich kennen. Wird zu Essensfreunden. Einmal gemeinsam gerülpst, ersetzt Dutzende von Verhandlungen. Auch die besten Geschäfte werden beim Essen gemacht. Vincent Klink, schon mehrfach zitierter Meisterkoch und Meisterwirt, hat einmal gesagt: »Daß wir unseren ICE nicht nach Korea verkaufen konn-

ten, sondern die Franzosen ihren TGV, hat vielleicht ja auch damit zu tun, daß noch ein paar Gewehre dazugeliefert wurden, was wir uns durch unsere Gesetze nicht leisten dürfen, aber es hängt auch damit zusammen, daß die Franzosen ganz anders bewirtet haben als wir. Das weiß ich nun wirklich. Die Koreaner wurden 14 Tage durch Frankreich gekarrt – und immer rein, was reingeht.«

Und geschlemmt wurde nur in den besten Lokalen. Die Koreaner aßen wie Götter in Frankreich. Und sanken dann offenbar magenselig den Franzosen an die Brust und dem TGV auf den Sitz. Das Milliardending war gelaufen. Und unser schöner ICE stand in der Ecke.

Klink nimmt es den deutschen Gewerkschaften übel, daß sie auf dem Spesenrittertum herumreiten. Weil sie nicht begreifen, was sie vereiteln. Eine gute Geschäftsatmosphäre zum Beispiel, die ein gutes Restaurant unweigerlich schafft. Gutes Essen hat Folgen. Das wußte schon Lichtenberg, der schrieb: »Die Speisen haben vermutlich einen sehr großen Einfluß auf den Zustand der Menschen, wie er jetzo ist, der Wein äußert seinen Einfluß mehr sichtbarlich, die Speisen tun es langsamer, aber vielleicht ebenso gewiß. Wer weiß, ob wir nicht einer gut gekochten Suppe die Luftpumpe und einer schlechten den Krieg oft zu verdanken haben.«

Ein Wirtshaus ist der Ort, an dem die Suppen gekocht und gegessen werden, die die Weltgeschichte womöglich verändern. Ein Wirtshaus ist darüber hinaus Kontaktbörse, Liebesvorhimmel, Ersatzwohnzimmer, Dichterstube, Schicki-Micki-Bühne, und es ist therapeutische Praxis. Für Ehepaare im Alltagsgedöse, vor allem aber auch in Zeiten der Krise.

Meist sind es die Frauen, die um die möglichen Segnungen des gemeinsamen Essengehens wissen und darauf dringen. Mit einiger Beharrlichkeit. Denn dort im Lokal kann der Gatte nicht aufstehen, sich die Pantoffeln aus dem Schlafzimmer holen und das Bier aus dem Eisschrank und mit beiden zum Fernseher schlurfen. Er kann ihr auch nicht das Wort verbieten, sie anbrüllen, wie er es sonst gern tut, wenn sie ihm sagen will, was er zu hören sich weigert; im Restaurant sitzt er wie festgezurrt, ihr ausgeliefert, endlich einmal, und sie wird ihm zärtlich zuprosten. Mit Champagner. Ich lade dich ein, murmelt er und schaut ins Glas, aus dem er trinkt.

Wenn Frauen essen gehen wollen, dann folgen die Männer nur knurrend. Weil sie daran denken, wie teuer das wird und was sie ausgerechnet heute abend im Fernsehen verpassen und vor allem, weil sie wissen, daß sie dort am schön gedeckten Tisch im Lokal reden sollen. Mit ihrer Frau. Sicher wieder über die Beziehung, die doch in Ordnung ist so, wie sie ist. Mein Gott, die kleine Freundin, die sie haben, die hat doch mit der Ehe überhaupt nichts zu tun. Das sind doch zwei ganz verschiedene Dinge. Wenn Frauen nur logisch denken könnten. Statt dessen wollen sie essen gehen und wollen reden. »Über uns«, sagen sie, und die Männer nicken kurz und geschäftig. Man will ja Frieden. Ärger hat man im Büro schon genug. Also gibt man ihr nach und sagt, das sei eine gute Idee, und bittet die Sekretärin, im ersten Restaurant des Ortes einen Tisch zu bestellen. Nicht im ›Gascogne‹, nein, dort nicht, denn in diesem kleinen Juwel, das noch nicht so viele kennen, dort speist er lieber mit der köstlichen Geliebten. Mit flirrender Zunge. Da redet er auch. Über sich natürlich. Und da der jungen Frau noch neu ist, was er zu sagen hat, hört sie ihm zu. Mit großen dunstfeuchten Augen. Da schmeckte ihm selbst das zäheste Steak weichzart auf der Zunge. Weil die Zunge schon vorschmeckt auf das, was sie später noch zu kosten und zu kosen bekommt.

Tatsächlich sollten auch Ehemänner froh sein, endlich einmal mit der eigenen Frau im Restaurant zu sitzen, wo sie nicht dauernd fragt, wie ihm das Mahl denn nun wirklich schmecke, das sie den ganzen Nachmittag lang extra für ihn bereitet habe, ob er es auch genieße und goutiere, und habe er den Estragon in der Sauce bemerkt? Den magst du doch so gern, nicht wahr?

Im Lokal kann sie auch nicht mit mäkliger Stimme an der eigenen Kocherei herumnörgeln, wie es deutsche Hausfrauen vor allem gern tun, weil das Fischsoufflé beim letzten Mahl doch irgendwie luftiger war und auf jeden Fall weniger versalzen. Wie halt immer das Essen beim letzten Mal besser war, als es jetzt gerade ist, und sie auch beim nächsten Mal vom letzten Mal schwärmen wird, obwohl, als das letzte Mal dieses Mal war, sie das Gekochte doch schmähte.

Manchmal hat das Essen es gar nicht so leicht mit den Hausfrauen. Und die Männer auch nicht. Gemütlich ist es nicht am heimischen Tisch. Immer wieder springt sie perfektionsbeflissen auf, weil das Salz fehlt und der Teller für die abgenagten Hühnerbeine, der Weinkühler, das Rechaud von Oma, die Streichhölzer, um die Kerzen anzuzünden. Es soll doch ein romantischer Abend werden.

Wehe, ein Essen wurde als Versöhnungsmahl konzipiert. Denn dann müht sie sich, dann fährt sie auf, gleich mehrere Gänge hintereinander, alles grammgenau nach Rezepten gekocht, die sie im letzten Kochkurs der Volkshochschule gelernt und buchstabeneifrig mitgeschrieben hat. Rezepte mit viel Butter und viel Sahne. Gute Rezepte. »Schmeckt es dir?« fragt sie und füllt seinen Teller aufs neue, und morgen früh sagt sie wieder, »Hansi du Fettmops, deine Weste platzt dir ja überm Bauch weg.«

Im Restaurant fällt manche Eifrigkeit weg. Und der so gänzlich überflüssige Druck: Ob man nun gut gekocht oder es gut geschmeckt habe, ob der eine genug genossen hat, der andere genug gelobt worden ist. »Hat's geschmeckt?«, fragt der Kellner, und man kann ihm sagen, daß es furchtbar war, ohne am nächsten Morgen eine Scheidungsklage auf dem Tisch zu haben.

Ein gemeinsames Essen kann, könnte Balsam sein für ausgedörrte Eheseelen. Man setzt sich in einen fremden Raum, schaut sich um, hört Geklimper, Geklirre, Gerede, sieht glänzende Augen und nervöse Finger, die das trockene Brot verkrümeln, sieht Blicke, die so ineinander tauchten, daß man nicht mehr weiß, welcher Blick zu wem gehört, und ob ein Blick tatsächlich den anderen sieht oder nur noch sich selbst. Man läßt sich hineinfallen in die leicht erregte Stimmung eines guten Lokals, weil es vibriert in der Luft vor Essenslust und auch anderen Gelüsten, weil die Lust angefüllt ist mit erotischen Erwartungen und erotischen Versprechungen. (Auch ein gutes Geschäft kann erotisierend wirken auf den Geschäftsmann.)

Man könnte zufrieden über seinen Tellern sitzen und einander zulächeln. Einfach so. Weil das Essen so gut ist und der Wein auch und kein Gepansche wie bei Apicius, der in seinem Kochbuch schrieb:

»Aus Rotwein mach Weißwein: Gib Paste aus Bohnenmehl oder drei Eiweiß in die Flasche und schüttle sehr lange. Am nächsten Tag wird er weiß sein. Asche von weißem Rebenholz macht dasselbe.«

Der Wein belebt die eigenen Geister und läßt die fremden, von denen man sich oft so willfährig beherrschen läßt, vor der entspannten Heiterkeit fliehen. Fassaden zerbröseln. In vino veritas. Eigentlich sieht der Mann doch ganz nett aus, den man da irgendwann einmal geheiratet hat. Und er ißt so genüßlich. Leckt sich die Lippen und tupft sie nicht steiffingrig mit der Serviette sauber. Weiche Lippen hat er, wenn er ißt. Ein attraktiver Mann. Mmh, die schaumige Butter auf den neuen Kartoffeln, der zarte Schinken aus der Auvergne, der Wein, der Mann; der Kellner ist eigentlich auch appetitlich. Sie ißt die Spargeln mit der Hand. Sie ißt Spargeln immer mit der Hand. Jetzt tut sie es mit Absicht. Ihr Mann soll ihr zuschauen. Was er tut. Und lächelt. Er erinnert sich. Da war doch noch was. Richtig, auch Ehefrauen sind Frauen. Fast hatte er es vergessen.

Ein gemeinsames Essen kann Balsam sein für ausgedörrte Eheseelen. Oder sie zur Verzweiflung bringen. Weil man hier unweigerlich merkt, wie wortarm und lustlos die Beziehung geworden ist. Da gibt es eben keine sonst so ausdauernd bestöhnte Schwiegermutter, die immer dann gerade anruft, wenn man am Abendbrotstisch sitzt, und die klagend ins Telefon ruft, daß der Atem wieder so rassele, und ob man ihr nicht schnell ein Medikament vorbeibringen könne – was Redestoff gibt für ganze Minuten.

Im Restaurant sitzen er und sie allein. Sitzen sich gegenüber. Angewiesen auf einander. Sie essen. Und lächeln dem Kellner zu. Greifen nach Worten, die von den anderen

Tischen zu ihnen herüberklingen. Schnappen sie sich. Sagen sie nach. Die Schulen heute sind einfach nicht mehr das, was sie einmal waren. Und schweigen wieder. Sitzen dort und verströmen Kargheit.

Eine Freundin von mir weigert sich, allein mit ihrem Mann in die Ferien zu fahren. Dort verstumme er noch mehr als zu Hause, sagt sie, und nenne das Erholung. Sie haßt diese wortkargen Abendessen in schönen Lokalen in fremden Ländern. Und nun verreisen sie stets zu viert oder auch mal zu sechst. Dann redet auch ihr Mann. Weil fremde Frauen ihn animieren – und gestandene Männer ohnehin. »Die gockeln dann umeinander«, sagt meine Freundin, »reden über ihre geschäftlichen Erfolge und fühlen sich wohl dabei.«

Im Jahre 1765 eröffnete in Paris ein Koch namens Boulanger ein Lokal, das er ›Restaurant divin‹ nannte, ›göttliche Erquickung‹. Es war so erfolgreich, daß der Name sich einbürgerte und blieb. Restaurant. Ein Ort, an dem man restauriert, an dem man wiederhergestellt wird. Ein Ort der Erholung.

Der Regisseur Claude Chabrol hat einmal gesagt, er könne nie einen Film über die Wüste Gobi drehen, weil sie im Guide Michelin nicht vorkomme.

Wer hurtig kaut, der liebt auch so

Sie saß in einem Restaurant. Er draußen im Garten. Hob sie Kopf und Blick von ihrer Zeitung, sah sie ihn. Er war ein adretter junger Mann. Weißes Hemd, enge Jeans, nackte Füße in schwarzen Slippers, leicht gegelter Bürstenhaarschnitt. »Dynamische Ausstrahlung« schriebe er wohl in seine Heiratsanzeige oder in sein Stellengesuch, wo er sich anpreisen müßte, und seine Dynamik, diese alerte Jugendlichkeit, erschiene ihm gewiß als anpreisenswert. So jedenfalls sah er aus. Fand Luise. Ein hübscher junger Mann übrigens, auf dem gewiß schon manch weiblicher Blick wohlwollend und begehrlich geruht hatte. Wie ihrer es jetzt tat. Luise trank ihren Milchkaffee und besah seinen schmalen Kopf, die Sehnen an den nackten Füßen, das lässige Wippen seines schwarzen Schuhs.

Als die Kellnerin mit seinem Frühstück kam, wandte er kaum den Kopf. Redete weiter mit dem Freund, mit dem er dort saß. »Es war ein herrliches Frühstück«, rief Luise, als sie mir die Geschichte erzählte, »es war ein herrliches Frühstück, und er sah nicht einmal hin. Hat nicht gelächelt, sich nicht gefreut, nicht geschnobert. Es gab frisch gebackene Hefebrötchen. Und Spiegeleier mit ganz kross gebratenem Speck. Dazu Avocadomus mit Frühlingszwiebeln und etwas Zitrone. Es roch wie in Gottes eigener Frühstücksküche, und er zeigte keine Regung der Gier, des Hungers oder auch nur einer stillen Freude. Cool blieb er. Absolut cool. Kein heimlicher lüsterner Blick streifte das, was vor ihm stand, während er weitersprach.

Das«, sagte Luise, »hätte mich skeptisch machen müssen.«

Und dann begann er zu essen. Und aß so adrett und alert, wie er aussah. Schnitt den Toast mit dem Speck und dem Ei so hurtig, wie er ihn kaute – mit kleinen, schnellen, energischen Kieferhantierungen. »Kurztaktig«, sagte Luise, die beim Fernsehen arbeitet, »kurztaktig, so wie unsere Redakteure die Programme gestalten wollen, damit die Zuschauer uns nicht davonlaufen.« Wer will sich in dieser schnellebigen Zeit denn noch einlassen auf Bild, Wort, Inhalt, auf Bedeutung womöglich; wer will sich hineinbegeben in ein anderes Leben, sich hingeben und die Zeit nicht achten, mitleben in einer anderen Welt und sie nicht, husch, husch, im schielenden Seitenblick streifen, während man bereits mit eineinhalb Augen nach vorne guckt, wo die Zukunft liegt, die moderne Zukunft, der man eilig entgegenstrebt. Fast food für den Kopf. Wer kann es sich denn überhaupt noch leisten hinzusehen und hinzufühlen und sich zu freuen oder sich zu erschrecken an dem, was einem dort gezeigt wird. Einen langen Takt lang oder womöglich gar zwei.

Der junge Mann kaute kurztaktig. Wie die Sendungen, die Luises Kollegen sich wünschten. Dieser Esser wäre ihr Idealprogramm. Einer, der keine überflüssige Zeit wegzukauen hat, sondern der kaut wie im Comic strip: ruck, knirsch, zack, rülps. Nein, gerülpst habe der junge Mann nicht, sagte Luise, der im übrigen wirklich ein hübscher junger Mann gewesen sei. »Wenn er nur nicht so zupackend zugebissen hätte«, klagte sie. Er aß, wie es sich gehört für einen, der dynamisch ist. Kein lascher Genießer, der sich behaglich sein gut eingespeicheltes Mahl auf der

Zunge zergehen läßt, ganz ineffizient hinschmeckt, noch ein drittes und viertes Mal kaut, bevor er endlich hinunterschluckt. »Nein, hier haben wir es«, sagte Luise, »mit einem zu tun, der weiß, daß man im Leben Entscheidungen treffen muß, daß man nicht träumt, sondern handelt, wenn man vorankommen will, mit einem, der gewiß schon gelernt hat, daß dort, wo gehobelt wird, auch Späne fallen. Unvermeidlich. »

»Mein Vater«, sagte Luise, »mein Vater hätte ihn bestimmt gern als Schwiegersohn gehabt. Luise, hätte er gesagt, da hast du dir den Richtigen gegriffen, und er hätte mir gratuliert und sich in sein Zimmer zurückgezogen und kalkuliert, ob er nicht doch – tauge der junge Mann so viel, wie es scheine –, ob er nicht doch in Grünwald ein zweites Geschäft aufmachen solle. Mit so einem Schwiegersohn, dächte mein Vater in seinem Arbeitszimmer, mit so einem Schwiergersohn könnte ich mich an die feine Klientel heranwagen. Der könnte mit seinem flotten Auftreten Klosetts aus Marmor verkaufen. Und im Geiste entwürfe mein Vater schon das große neue Ladenschild: Huberles Bad- und Sanitärboutique.«

»Ein bißchen aß der junge Mann auch wie ein Eichhörnchen«, sagte Luise. »Nur ruckartiger, zackiger. Zerkaute geschwind und trockenmundig, was ihm an widerborstiger Krustigkeit und Hartlaibigkeit in den Mund kam. Spülte nach mit Kaffee und Sekt. Champagner war es sicherlich nicht. Er war ein Mann, der Sekt trank. Sonst hätte sich mein Vater ja auch nicht vorstellen können, ihn als Verkäufer von Wasch- und Klosettbecken einzusetzen.«

Den Kaffee trank er in heftigen, schnellen Schlucken. Den Sekt, als ob er ihn genösse. Das mußte er einmal im

Fersehen gesehen haben. Beim Sekt ist man Kenner, ist einer, der sich im Leben und in Sektmarken auskennt. Und er trank aus dem Kelch wie in einem schlechten Werbespot. Ganz ohne Begehr. Unbehaucht vom Eros des wahren Genießers. Ein Mann, unfähig des Schlürfens und Schmausens.

Vergiß ihn, Vater, hatte Luise gedacht, so einer taugt nicht im Bett. Der liebt, wie er kaut. Mit dem einzigen Ziel, schnell satt zu werden. Der verweilt nicht gemächlich, erkundet nicht neugierig, will keine Geheimnisse entdecken. Der ahnt nicht, was Zungen schmecken können. Der liebt wie im Comic strip: ruck, zack, schluchz – und steht auf und geht. Und dir fällt auch nichts anderes ein als ›och‹.

Und wie kaue ich, hat sich Luise angesichts dieses hurtigen jungen Kauers gefragt. Weltoffen und perfektionsbegehrlich, wie sie nun einmal ist, begreift sie andere Menschen als Spiegel für sich. Und wie kaue ich, hat sie sich gefragt, als sie den aseptischen Nahrungszerkleinerer betrachtete. Esse ich gemächlich oder in Hast? Bin ich eher Kuh oder Nagetier, Ratte oder Vögelchen? Schmatze ich oder täte es jedenfalls gern, oder picke ich mein Essen krümelweise? Esse ich mit allen Sinnen oder sinnenlos wie er? Könnte ich einen Mann verführen, der mir beim Essen zusähe?

Eine Filmszene gibt es, jedenfalls in Luises Gedächtnis, die erotischer ist als jedes nackte Bettgeplänkel oder Sexgezerre, das sie jemals gesehen hat. Eine Frau ißt – und ein Mann schaut ihr zu. Sie beißt in saftige Hühnerbeine, zerrt ihnen mit entblößten Zähnen unter fetttriefenden Lippen das Fleisch vom Knochen, schmatzt, liebt, kaut und leckt, ist personifizierte Wollust. Mit bloßen Händen – natürlich hat sie kein enterotisierendes Besteck, keine blechernen oder auch silbernen Messer und Gabeln, um sich gütlich zu tun –, mit bloßen Händen greift sie nach Brot und Trauben und Hühnerbein, nach saftigen Birnen, die sie schlürft und beleckt und sich zwischen die Lippen schiebt, um sie zu bekauen und auszusaugen. Zwischendrin ein langer Schluck Wein aus der Karaffe, Rotwein ist es, den sie trinkt und der ihr – vermischt mit dem Birnensaft – aus den Mundwinkeln rinnt.

Einmal essen wie sie. Schamlos. Und die banausischen Kenner verjagen.

Heute morgen hat Luise gleich damit angefangen. Hat mit Wollust ins Honigbrötchen gebissen, das Müsli zwischen die Lippen gezüngelt, das Magnesium, das Silicea und die Enzyme mit libidinösem Gegurgel geschluckt.

Bis ihr Mann sie mit seinem Blick umfing und sich besorgt erkundigte:

»Geht's dir nicht gut?«

Liebe geht durch den Magen – Essen und Eros

Einst hatten edle Bordelle eine erlesene Küche und vorzügliche Weine, und der gute Ruf eines solchen Etablissements begründete sich auch auf sie. Und in den feinen Pariser Restaurants gab es neben den Speisesälen auch kleine, verschwiegene Räume, die berühmten »Chambres séparées«, in denen die Damen der demi monde, die stets entzückenden Kurtisanen, und ihre reichen, oft adeligen, fast immer verheirateten Liebhaber pikante Soupers genossen. Da aß man nicht das hausväterliche Ochsenfleisch, das magere Hühnchen des ehelichen Tisches und den Familiensalat, wie Balzac das dröge Essen von Gatten zu Hause beschreibt. Dort aß man gegen Sitte und Anstand. Zu zweit allein. Freigebig die Herren, freizügig die Damen. Sie sahen sich zu beim Essen, ergötzten einander und wußten, wie man das macht. Man verstand zu speisen und verstand zu lieben und kannte die Wirkung eines klug gewählten Mahles auf die Sinnesfreude der Schwelgenden. Ließ die Zunge Trüffeln kosen und an Spargeln saugen, bevor sie sich vorwagen durfte in andere Gefilde. Verwöhnte den Mund mit tändelnden Speisen, mit geistreichem Champagner, mit zärtlich wispernden schaumigen Cremes aus Schokolade oder Vanille.

»Die Fastenzeit«, läßt Rabelais seinen Pantagruel einmal sagen, sei dazu verordnet, »das Fleisch zu kasteien, die sinnlichen Begierden abzutöten und die Furien der Lust zu zügeln.«

Überreste der Zusammengehörigkeit körperlicher Lüste gibt es offenbar selbst in Pariser Bordellen nicht mehr. Und das ›Erotische Mahl‹, zu dem hin und wieder der Besitzer eines kleinen Restaurants in einem fast kleinen Ort einlädt, wird gern von alleinstehenden, das heißt vermutlich alleinliegenden Damen besucht, denen die lezithinreichen Speisen ohnehin wenig nützen, die hier gereicht werden, weil sie die Spannkraft fördern sollen.

Das klingt eher prosaisch als poetisch. Schon auf dem Weg zum Viagra-Hochstand, der bestens taugt als Synonym für die erotische Phantasielosigkeit unserer Zeit, die man(n) in all seiner Hilflosigkeit mit künstlich aufgeputschtem Bum-Bum-Sex zu übertünchen sucht. Zu dem kein einziges Essen paßt, sondern eben nur noch die Pille. Die eine wie die andere. Die man einwirft, nicht aufschleckt.

Als ersten aller Götter ersann sie Eros, wird in Platons ›Symposion‹ von der Göttin der Schöpfung gesagt. In ungläubigen Zeiten wie unseren haben Götter wenig Chancen. Auch Eros nicht. Dem zu huldigen nichts mit Effizienz zu tun hat, sondern alles mit kunstvoller Hingabe und Verführung. Mit Verschwendung der Sinne.

Man könnte nostalgisch werden. Sich berauschen an den Zeiten, da zärtliche Zungen Speisen schlürften und vom Begehren sprachen. Und zu sprechen verstanden. Mit Worten den Genuß der Speise erhöhten. Als die Lust sich an beidem erhitzte. Zeiten, da die Liebe noch durch den Magen ging. Die vitale Liebe oder Leidenschaftsliebe, wie Max Scheler sie nannte, die den Leib, das Ich und die Person umfaßt. Als man noch wußte, daß gutes Essen zu Wagnissen der Wollust animiert, und es verstand, dem Gott

Eros beim Essen zu huldigen, die Süße des Moments wohlig auszukosten.

Welch eine Kultur! Welche Genüsse sind uns da verlorengegangen oder drohen, uns verlorenzugehen. Die Betörung der Sinne beim Essen im Chambre séparée, hinter roten Samtportieren, auf brokatbezogenen Fauteuils und dem breiten, einladenden Diwan, an Tischen, gedeckt mit glänzendem Damast, in gedämpftem Licht, über handgemalten Tellern, auf denen saftige Schenkel liegen, bezaubernde Brüstchen, Lenden, Herz, Hirn und Nieren.

I want to eat you, sagt man noch heute im Englischen, und spricht dabei nicht zum Roastbeef, das vor einem auf dem Teller liegt.

Man muß keine Kurtisane sein, um Grenzen testen und sprengen zu wollen, um die Delikatesse der Erotik und der erotische Mahle im morbid angehauchten und auch schwülstig befärbten Ambiente eines Chambre séparée sich zu ersehnen. Aber ob Männer, die häufig genug noch immer unterscheiden zwischen den Damen ihres Herzens und denen ihrer Lenden, ob sie die käuflichen Kurtisanen brauchen, um dem Eros und dem Essen zwischen Tisch und Diwan frönen zu können? Weil es sie mit der eigenen Frau, der eigenen Freundin eher genierte, sich auf diese Weise verlustieren zu wollen, als daß es sie beflügelte? Weil sie kein Verbot überträten, sondern nur eine Konvention, was nicht genügte, um den Abend zu überstehen?

Geblieben aus der Zeit, da Essen und Eros zusammengehörten – was sie heute hoffentlich nicht tun in einer Gesellschaft, die Fast food frißt, hopp, hopp, schieb, schieb, hinein mit dem Hamburger und schnell weggekaut –, geblieben ist eine eher derbe, eher banale kulinarische

Sprache für Liebesdinge. Wenn Männer Frauen mögen, wenn sie sie haben wollen, wie man sagt, nennen sie sie appetitlich, rühmen ihre Pfirsichhaut und Pflaumenbrüste, wollen sie vernaschen, wegputzen, sich gütlich an ihnen tun, wollen sie »fait frire«, wollen sie braten im Topf, einbraten sagt man in Wien, wenn es darum geht, eine Frau zu verführen, wollen alles mit und vor allem von ihnen – und laden zum Essen in ein irisches Lokal zum bröseltrocknen shepherd's pie. In dem sie herumstochern. Kleingehäuftes von der Gabel nibbeln. Und von ihrer Mutter erzählen. Oder aus ihren Pfadfinderjahren. Männer, die englippig mümmeln, dichten einem keine Verse auf die Haut mit neugierig gleitenden Händen. Sie streicheln zaghaft, greifen krampfhaft, halten sich fest und nicht dich.

Doch auch die Botschaften des begehrlichen Schmausers sind leicht mißzuverstehen. Nicht in jedem Vielfraß ludert der erotische Hunger, und nicht jeder Feinschmecker versteht etwas von erotischer Verführung, von Prisen und beigemischter Würze.

Man muß sie sich ansehen, beim Essen ansehen, die Männer, die einem gefallen könnten. Ob sie etwas ahnen, wissen womöglich, vom Gaumenkitzel. Von Geschmacksknospen, die blühen möchten. Von Düften, die betören, von köstlich obszönen Bildern.

»Die Ostender Austern wurden serviert; sie waren entzückend und fett, erinnerten an kleine Ohren, die in Muscheln eingeschlossen sind, und zergingen zwischen Gaumen und Zunge wie gesalzene Bonbons.«

Guy de Maupassant hat – wie Honoré de Balzac, wie Gustave Flaubert – Liebesmahle beschrieben, wie wir heute kein Liebesspiel mehr literarisch eingepökelt finden, wie

Albert Vigoleis Thelen es genannt hätte. Da ist Forellenfleisch so rosa wie die Haut junger Mädchen, Lammkoteletts sind weich und zart und liegen auf einem dicken und kleinen Bett aus Spargelspitzen, Trüffeln werden serviert und Austern. Austern vor allem. Denn sie lassen sich, wie Casanova schrieb, auf »die wollüstige Art essen, die nur zwei sich anbetenden Liebenden möglich ist. (...) Wir schlürften sie abwechselnd einander aus dem Munde.«

Giacomo Casanova, für seine kulinarischen Abenteuer berühmter als für seine wissenschaftlichen Schriften, verführte seine Angebeteten stets beim und durch das Essen, das er sorgfältig plante. Fast immer gab es Champagner und fast immer Austern.

»Die Austern schwammen in ihrem Meerwasser. Nachdem Armelina fünf oder sechs hinuntergeschluckt hatte, sagte sie zu ihrer Freundin, einen so köstlichen Bissen zu essen, müßte eine Sünde sein.«

Und nichts liebt der Verführer, nichts liebt der Feinschmecker mehr als die Sünde. Die verbotenen Früchte. Die Seligkeit verheißen und zugleich Gefahr. Wo sich Furcht hineinschleicht ins Verlangen und es erhitzt. Wo nichts süßer schmeckt als das verderbliche Gift. Wo Eros und Tod sich begegnen und einander begehren, wie auf Cranachs Gemälde vom Selbstmord der Lucretia, auf dem der spitze, der phallische Dolch auf dem nackten Busen der Schönen ruht, ihn zart liebkost, ihn lüstern bedrängt, bevor er ihn mit tödlicher Kraft durchstoßen wird.

Freud glaubte, daß der Akt des Essens kannibalistische Phantasien erwecke, daß es tatsächlich darum gehe, Liebesobjekte zu verschlingen. Das Objekt werde »durch

Essen einverleibt und dabei als solches vernichtet«. Und in der Tat fürchten viele Männer die weibliche Lust. Wie Rushdie es in seinen ›Satanischen Versen‹ beschreibt. »Manchmal dachte er, sie wolle ihn bei lebendigem Leibe auffressen. Sie liebte ihn wie eine Kannibalin, und er war ihr Schweinsfilet.«

Und tatsächlich gibt es Männchen, die aufgefressen werden von den Weibchen nach dem Liebesakt. Allerdings nur, soweit ich weiß, bei den Spinnen.

Wie nahe Liebeslust und Lebensende einander sein können, zeigt auch die Anwendung aphrodisischer Zutaten, die eine Kunst ist, weil die Brechnuß (Strychnos) zum Beispiel in geeigneter Verdünnung ein Potenzmittel ist, in reiner Form aber ein Mittel zum Mord. Auch die allseits beliebte und begehrte Alraunwurzel ist mit Vorsicht zu genießen. Als Bestandteil von Liebestränken, schreibt Jules Silver in seinem Buch der ›Liebesrezepte‹, könne sie »eine völlige Enthemmung bewirken, zu Veitstanz, geschlechtlicher Raserei und Besinnungslosigkeit führen. In übermäßiger Dosierung kann diese Pflanze tödlich wirken. (...) Es gibt mehr Frauen«, fährt Silver fort, »als man gemeinhin annehmen möchte, die plötzlich ihren toten Geliebten in den Armen hielten, nachdem ihm ein Mittel verabreicht worden war, das ihm die Liebe hätte zurückgewinnen sollen.« Auch Lukullus, der feinschmeckende römische Feldherr und Prasser, soll so gestorben sein. Am übermäßigen Hunger – auf die Liebe.

Hunger und Sexualität, Sexualität und Tod, Lust, Trieb, Einverleibung, Schmerz, Verlangen, Genuß und Vergänglichkeit haben mit dem Essen zu tun. Seit Eva in den Apfel biß und Adam hineinbeißen ließ. Seit der Mensch um sich weiß, um sein Geschlecht, um seine Scham, um die Sünde. Seit der Vertreibung aus dem Paradies.

Essen und Sexualität sind die Grundfesten unseres Daseins. Am Mutterbusen genährt. So beginnt das Leben und wird erhalten durch Nahrungsaufnahme, die dazu dient, den Tod zu bannen; wird fortgeführt durch Sexualität (jedenfalls bevor man Verhütung kannte und praktizierte), durch die der Mensch sich vermehrt, sich als Spezies erhält.

Brillat-Savarin, der Philosoph des Geschmacks, hat aus guten Gründen den fünf bekannten Sinnen als sechsten den Geschlechtssinn hinzugefügt. Es geht um den Leib, den Hunger und seine Besänftigung. Um Fleischeslust und Kontinuität. Um Ernährung und Arterhalt.

›Eat drink man woman‹ heißt ein wunderbarer chinesischer Film, in dem man sich alle wichtigen Dinge nur beim Essen sagt und die schönsten Bilder die sind, auf denen Essen zubereitet wird.

Eat
drink
man
woman.

Kürzer läßt es sich nicht sagen und umfassender auch nicht, was das menschliche Leben im wesentlichen ausmacht.

Literatur zum Essen

Jean Brillat-Savarin: Physiologie des Geschmacks oder Betrachtungen über das höhere Tafelvergnügen. Frankfurt a. M. 1979

Karl Friedrich von Rumohr: Geist der Kochkunst. Frankfurt a. M. 1978

Gert v. Paczensky, Anna Dünnebier: Kulturgeschichte des Essens und Trinkens. München 1997

Geschmacksache, hrsg. von der Kunst- und Ausstellungshalle der Bundesrepublik Deutschland. 1996

Das Riechen. Von Nasen, Düften und Gestank, hrsg. von der Kunst- und Ausstellungshalle der Bundesrepublik Deutschland. 1995

Franz Herre: Der vollkommene Feinschmecker. Eine Kulturgeschichte des Essens. Bergisch Gladbach 1984

Hans-Ulrich Grimm: Die Suppe lügt. Die schöne neue Welt des Essens. Stuttgart 1997

Eine Auster im Mieder von Donna Emilia. Casanovas sinnlichste Rezepte. Berlin 1998

Liebesrezepte aus der Geheimküche Amors. Gesammelt und erläutert von Jules Silver. Genf 1975

Alma Helfrich-Dörner: Das kleine Buch der Bestecke. Messer, Löffel, Gabel seit wann? Schwäbisch Hall 1959

Claude Lévi-Strauss: Mythologica III. Der Ursprung der Tischsitten. Frankfurt a. M. 1976

Das römische Kochbuch des Apicius. Vollständige zweisprachige Ausgabe. Stuttgart 1991

Petron: Satyricon. Ein römischer Schelmenroman. Stuttgart 1982